PRÁTICA DE RECURSOS CRIMINAIS E AÇÕES AUTÔNOMAS

SÉRIE ESTUDOS JURÍDICOS: DIREITO CRIMINAL

Bruna Isabelle Simioni Silva
Igor Fernando Ruthes

Rua Clara Vendramin, 58 . Mossunguê . Cep 81200-170 . Curitiba . PR . Brasil
Fone: (41) 2106-4170 . www.intersaberes.com . editora@intersaberes.com

Conselho editorial Dr. Alexandre Coutinho Pagliarini, Drª. Elena Godoy, Dr. Neri dos Santos, Dr. Ulf Gregor Baranow ▪ **Editora-chefe** Lindsay Azambuja ▪ **Gerente editorial** Ariadne Nunes Wenger ▪ **Assistente editorial** Daniela Viroli Pereira Pinto ▪ **Preparação de originais** Fabia Mariela ▪ **Edição de texto** Arte e texto, Monique Francis Fagundes Gonçalves ▪ **Capa** Luana Machado Amaro ▪ **Projeto gráfico** Mayra Yoshizawa ▪ **Diagramação** Charles L. da Silva ▪ **Equipe de *design*** Charles L. da Silva, Luana Machado Amaro ▪ **Iconografia** Regina Claudia Cruz Prestes

Dados Internacionais de Catalogação na Publicação (CIP)
(Câmara Brasileira do Livro, SP, Brasil)

Silva, Bruna Isabelle Simioni
  Prática de recursos criminais e ações autônomas/ Bruna Isabelle Simioni Silva, Igor Fernando Ruthes. Curitiba: InterSaberes, 2022. (Série Estudos Jurídicos: Direito Criminal)

  Bibliografia.
  ISBN 978-65-5517-327-7

  1. Processo penal – Brasil 2. Recursos (Direito) – Brasil I. Ruthes, Igor Fernando. II. Título. III. Série.

21-90204   CDU-343.155(81)

Índices para catálogo sistemático:
1. Brasil: Recursos criminais: Processo penal   343.155(81)

Cibele Maria Dias – Bibliotecária – CRB-8/9427

1ª edição, 2022.

Foi feito o depósito legal.

Informamos que é de inteira responsabilidade dos autores a emissão de conceitos.

Nenhuma parte desta publicação poderá ser reproduzida por qualquer meio ou forma sem a prévia autorização da Editora InterSaberes.

A violação dos direitos autorais é crime estabelecido na Lei n. 9.610/1998 e punido pelo art. 184 do Código Penal.

Sumário

11 ▪ *Apresentação*

Capítulo 1
13 ▪ Apelação criminal
14 | Cabimento
23 | Efeitos
27 | Tempestividade e interposição
28 | Peça processual
36 | Tramitação
37 | Modelos

Capítulo 2
47 ▪ Recurso em sentido estrito
48 | Cabimento
65 | Competência
66 | Tempestividade e interposição
68 | Efeitos
71 | Peça processual
74 | Modelos

Capítulo 3
81 ▪ Agravo em execução
89 | Cabimento
92 | Efeitos

94 | Tempestividade e interposição
96 | Peça processual
99 | Modelos

Capítulo 4
105 ▪ Revisão criminal
107 | Cabimento
114 | Competência
116 | Tempestividade e interposição
118 | Procedimento
119 | Efeitos
121 | Indenização
122 | Peça processual
125 | Modelos

Capítulo 5
131 ▪ *Habeas corpus*
139 | Cabimento
146 | Competência
150 | Nomenclatura
151 | Legitimidade
152 | *Habeas corpus* como forma de ataque colateral
153 | Rito em primeiro grau
154 | Rito nos tribunais
155 | Liminar em *habeas corpus*
156 | Recursos de impugnação das decisões
157 | Peça processual
161 | Modelos

Capítulo 6
165 ▪ Relaxamento de prisão
166 | Natureza jurídica e finalidade
168 | Modalidades de flagrante
173 | Classificações doutrinárias
175 | Procedimentos para a formalização do flagrante
184 | Relaxamento da prisão em flagrante
184 | Peça processual
186 | Modelos

Capítulo 7
191 ▪ Revogação de prisão preventiva
192 | Natureza jurídica
193 | Fundamentos da prisão preventiva
197 | Permissões legais
201 | Fundamentação da decisão
203 | Revogação da preventiva
205 | Peça processual
207 | Modelos

Capítulo 8
211 ▪ Decisões judiciais: sentença e acórdão
214 | Decisão absolutória
218 | Sentença condenatória
223 | Correlação entre acusação e sentença
227 | Requisitos da sentença
231 | Modelos

235 ▪ Considerações finais
237 ▪ Referências
243 ▪ Sobre os autores

Aos nossos alunos e alunas, por serem a razão de nos aperfeiçoarmos cada vez mais e o motivo de podermos ser chamados de professor(a).

Apresentação

O principal objetivo desta obra é contribuir para a formação de estudantes de Direito por meio da abordagem das peças processuais cabíveis na esfera recursal do processo penal, bem como das peças iniciais de ações de impugnação autônoma e pedidos de relaxamento de prisão e revogação da prisão preventiva.

Nesse sentido, a obra foi dividida em oito capítulos, cada qual destinado a tratar de uma peça processual específica. Assim, nas seções dos respectivos capítulos, analisaremos os aspectos processuais e apresentaremos um modelo da peça e um exemplo prático de sua elaboração.

Quanto aos aspectos processuais, evidenciaremos as hipóteses de cabimento da peça, as questões do rito e os efeitos. As questões teóricas e doutrinárias pertinentes serão examinadas sob a ótica da teoria crítica do processo penal, que é a que melhor se enquadra aos valores constitucionais inerentes ao Estado Constitucional de Direito.

Nunca é demais lembrar que o domínio de aspectos processuais é condição essencial para a boa elaboração de uma peça prática!

Salientamos, ainda, que, em razão dos contornos e dos limites desta obra, não aprofundaremos os temas teóricos, contemplando, no entanto, aquilo que é essencial para uma boa prática processual.

Superados os estudos teóricos, abordaremos os requisitos de cada petição em estudo: endereçamento; descrição dos fatos; elaboração das teses jurídicas; e feitura dos pedidos.

Vale mencionar que, no que concerne ao endereçamento, por opções metodológicas, demonstraremos apenas no primeiro capítulo as formas de elaborá-lo para a Justiça Estadual, a Justiça Federal e os Juizados Especiais Criminais.

Por fim, analisaremos as decisões judiciais, que são os atos que julgam de forma definitiva o caso penal apresentado em juízo. Para isso, examinaremos os requisitos do art. 381 do Código de Processo Penal: relatório; motivação ou fundamentação; e dispositivo.

Desejamos, desde logo, bons estudos!

Capítulo 1

Apelação criminal

O recurso de apelação é a forma por excelência de provocar a revisão de uma decisão proferida por um juiz de primeiro grau, devolvendo a matéria para que seja objeto de nova apreciação (Lopes Júnior, 2020).

Servindo para impugnar as decisões judiciais que põem fim ao processo (Marcão, 2020), o recurso pode impugnar a decisão em sua totalidade ou em partes.

Ainda sobre as características do recurso de apelação, Avena (2020) assevera que as decisões que põem fim a fases processuais também são impugnáveis por meio de apelação. Podemos citar como exemplo a decisão de impronúncia.

Com base no exposto, é possível conceituar a *apelação criminal* como um recurso que se destina a impugnar decisões proferidas por juízes de primeiro grau, devolvendo a matéria para a revisão do caso penal por um órgão jurisdicional de instância superior.

Uma vez interposta, instaura-se o segundo grau de jurisdição (Lopes Júnior, 2020).

— 1.1 —

Cabimento

O recurso de apelação criminal é previsto para os crimes processados tanto nas Varas Criminais quanto nos Juizados Especiais Criminais. Iniciaremos a análise pelo Código de Processo Penal (CPP) – Decreto-Lei n. 3.689, de 3 de outubro de 1941 – e, ao final, abordaremos a Lei n. 9.099, de 26 de setembro de 1995.

O CPP assim trata a matéria:

Art. 593. Caberá apelação no prazo de 5 (cinco) dias:

I – das sentenças definitivas de condenação ou absolvição proferidas por juiz singular;

II – das decisões definitivas, ou com força de definitivas, proferidas por juiz singular nos casos não previstos no Capítulo anterior;

III – das decisões do Tribunal do Júri, quando:

a) ocorrer nulidade posterior à pronúncia;

b) for a sentença do juiz-presidente contrária à lei expressa ou à decisão dos jurados;

c) houver erro ou injustiça no tocante à aplicação da pena ou da medida de segurança;

d) for a decisão dos jurados manifestamente contrária à prova dos autos.

§ 1º Se a sentença do juiz-presidente for contrária à lei expressa ou divergir das respostas dos jurados aos quesitos, o tribunal *ad quem* fará a devida retificação.

§ 2º Interposta a apelação com fundamento no no III, c, deste artigo, o tribunal *ad quem*, se lhe der provimento, retificará a aplicação da pena ou da medida de segurança.

§ 3º Se a apelação se fundar no nº III, d, deste artigo, e o tribunal *ad quem* se convencer de que a decisão dos jurados é manifestamente contrária à prova dos autos, dar-lhe-á provimento para sujeitar o réu a novo julgamento; não se admite, porém, pelo mesmo motivo, segunda apelação.

§ 4º Quando cabível a apelação, não poderá ser usado o recurso em sentido estrito, ainda que somente de parte da decisão se recorra.

A interposição de apelação criminal é residual em relação ao recurso em sentido estrito (Rese). Explicamos: quando a decisão tiver conteúdo decisório, primeiramente, deve-se averiguar, no art. 581 do CPP, se há previsão para utilizar o Rese; se não houver e a decisão for passível de impugnação por via recursal, deve a parte lançar mão da apelação criminal.

O inciso I do art. 581 do CPP prevê o manejo do recurso em voga em face de sentenças definitivas prolatadas por juiz singular. Essas sentenças julgam o caso penal absolvendo ou condenando o acusado (Lopes Júnior, 2020).

As **sentenças condenatórias** devem enfrentar toda a matéria de mérito, ou seja, a materialidade delitiva, a tipicidade, a ilicitude e a culpabilidade, bem como fazer a dosimetria da pena, fixar o regime inicial de cumprimento de pena e apontar a possibilidade de eventual suspensão da pena.

Já as **sentenças absolutórias** podem ser próprias ou impróprias. A absolvição própria é aquela em que o julgador conclui pela inexistência de tipicidade da conduta, da ilicitude ou da culpabilidade. Nesse caso, o réu será posto imediatamente em liberdade. Já se a sentença reconhecer que o réu é inimputável em razão de doença mental – excluindo-se também a culpabilidade –, haverá a denominada *absolvição imprópria*, sendo imposta ao acusado medida de segurança.

Questão interessante é a discussão doutrinária acerca de qual recurso pode ser manejado em face de decisão que absolve sumariamente o réu em virtude de extinção da punibilidade. Vejamos o teor do art. 397 do CPP:

> Art. 397. Após o cumprimento do disposto no art. 396-A, e parágrafos, deste Código, o juiz deverá absolver sumariamente o acusado quando verificar:
>
> I – a existência manifesta de causa excludente da ilicitude do fato;
>
> II – a existência manifesta de causa excludente da culpabilidade do agente, salvo inimputabilidade;
>
> III – que o fato narrado evidentemente não constitui crime; ou
>
> IV – extinta a punibilidade do agente.

Para Pacelli (2019), a decisão que extingue a punibilidade entra no mérito do caso penal, razão pela qual desafia apelação criminal. Já Lopes Júnior (2020) afirma que a absolvição sumária, lastreada no art. 396, inciso IV, do CPP, é meramente declaratória, portanto, deve ser guerreada por meio de Rese.

Em homenagem ao princípio da fungibilidade, tanto o recurso de apelação criminal quanto o Rese serão conhecidos para impugnar decisão de absolvição sumária em razão da extinção da punibilidade (Lopes Júnior, 2020).

O inciso II do art. 581 do CPP trata das decisões interlocutórias que põem fim a uma fase processual, extinguem prematuramente o feito ou decidem questões que não envolvam o caso penal (Avena, 2020).

Dessarte, as decisões de impronúncia, que decretam a perempção, julgam o pedido de restituição de coisas aprendidas e as medidas assecuratórias, desafiam recurso de apelação criminal.

Por seu turno, o inciso III do art. 581 do CPP trata da apelação interposta das decisões proferidas na segunda fase do Tribunal do Júri. É um recurso de argumentação vinculada, ou seja, a causa de sua apresentação traçará os limites da matéria a ser devolvida para a apreciação do órgão de segundo grau. Interessante ressaltar, ainda, que o apelo somente pode ser interposto quando pautado em uma das causas autorizadoras previstas nas alíneas do inciso em comento (Lopes Júnior, 2020).

Nesse mesmo sentido é a jurisprudência sumulada do **Supremo Tribunal Federal (STF)**: "O efeito devolutivo da apelação contra decisões do júri é adstrito aos fundamentos de sua interposição" (Súmula n. 713).

Passando à análise das causas de apelo em face de decisão proferida na segunda fase do rito do Tribunal do Júri, a alínea "a" do inciso III do art. 581 do CPP prevê que, em caso de nulidade ocorrida posteriormente à pronúncia, cabe a apelação criminal.

Nulidade é a sanção dada aos atos processuais defeituosos. A doutrina processual as divide em absolutas e relativas. As **nulidades absolutas** são de ordem pública e sua alegação não preclui. As **nulidades relativas** dizem respeito ao interesse das partes, devendo ser alegadas na primeira oportunidade, demonstrando-se o prejuízo, sob pena de preclusão.

O rito do Tribunal do Júri é **bifásico**, e a primeira fase se esgota com a prolação de decisão de pronúncia. Logo, todas as nulidades relativas ocorridas após esse ato processual devem ser alegadas em sede de apelação. Quanto às nulidades absolutas, em tese, podem ser alegadas mesmo as ocorridas na primeira fase (Lopes Júnior, 2020).

São exemplos de nulidades ocorridas após a pronúncia: (a) juntada de documentos novos não se respeitando o prazo estabelecido no art. 479 do CPP; (b) inversão da ordem de oitiva das testemunhas em plenário; (c) produção em plenário de prova ilícita; (d) leitura para os jurados de trecho substancial da decisão de pronúncia; e (e) estar o acusado algemado durante a sessão sem que haja fundamentação idônia para tal (Marcão, 2020).

A alínea "b" do inciso III do art. 581 do CPP trata de erro na decisão do magistrado que deve ser contrária à lei expressa, ou ainda, à decisão do Conselho de Sentença.

A contrariedade à lei ocorre por erro grosseiro em sua aplicação, sendo um exemplo a substituição da pena privativa de liberdade por restritiva de direitos ao acusado condenado por homicídio qualificado (Lopes Júnior, 2020).

No mesmo giro, a contrariedade à decisão do conselho de sentença consiste em equívoco na interpretação das respostas dadas pelos jurados aos quesitos. Podemos citar como exemplos a resposta afirmativa, pelo júri, ao quesito de absolvição genérica e a prolação de sentença condenatória pelo juiz-presidente (Pacelli, 2019).

A alínea "c" do inciso III do art. 581 do CPP trata da apelação contra decisão que se equivoca na dosimetria da pena (Avena, 2020). Sempre é bom lembrar que a dosimetria da pena é realizada em três etapas. Em um primeiro momento, ao teor do art. 59 do Código Penal (CP) – Decreto-Lei n. 2.848, de 7 de dezembro de 1940, calcula-se a pena-base; posteriormente, as circunstâncias agravantes e atenuantes (art. 61 e seguintes do CP); e, por fim, as majorantes e minorantes (Pacelli, 2019).

O erro na apreciação das circunstâncias judiciais (art. 59 do CP) consiste em injustiça na aplicação da pena. O termo *injustiça* é conceito jurídico aberto e envolve subjetividade, razão pela qual é de difícil conceituação (Pacelli, 2019).

Por fim, a alínea "d" do inciso III do art. 581 do CPP traz a possibilidade de se interpor recurso de apelação criminal em face de decisão, proferida por Conselho de Sentença, que seja manifestamente contrária à prova dos autos (Avena, 2020). A doutrina dominante entende que, havendo o mínimo lastro probatório que dê amparo à decisão, não há de se falar em sua anulação (Avena, 2020).

Importante asseverar que a discussão, no âmbito recursal, sobre a existência de uma qualificadora será feita, em sede de apelação, com fundamento na referida alínea. Isso porque o tipo qualificado é uma derivação do tipo simples e seu suporte fático é outro (Avena, 2020).

Para melhor exemplificar, imaginemos um homicídio simples. O fato que deve ser reconstituído no processo é "matar alguém". Todavia, se esse homicídio foi cometido mediante emboscada (qualificado), deve ser provada a existência de uma armadilha. Dessarte, há mais um fato a ser provado.

O manejo da apelação com base no art. 581, inciso III, alínea "d", do CPP somente pode ser feito uma vez no processo. O motivo é simples: fere a lógica o fato de que um caso penal seja julgado de duas formas distintas (absolvição/condenação) e que ambas estejam manifestamente em desacordo com a prova produzida (Lopes Júnior, 2020).

Algumas questões práticas devem ser trazidas à lume. A primeira é a dificuldade em se arrazoar um recurso alegando que o Conselho de Sentença decidiu em desacordo com a prova produzida nos autos, eis que os jurados decidem de acordo com sua convicção íntima. Em outras palavras, a decisão é tomada apenas pela resposta objetiva aos quesitos (Lopes Júnior, 2020).

Outro ponto a ser enfrentado é o de que, muitas vezes, há dúvida na indicação da alínea do inciso III do art. 581 do CPP que dará azo à interposição de recurso das sentenças do Tribunal do Júri. Por vezes, determinar qual o fundamento legal que esteia a insurgência não é matéria fácil. Por isso, alguns advogados, defensores públicos e promotores consignam todos os incisos no momento do recurso. Essa prática não corresponde à melhor técnica processual, mas não é óbice ao conhecimento da apelação criminal (Lopes Júnior, 2020).

A Lei n. 9.099/1995 também prevê o recurso de apelação em seu art. 82:

> Art. 82. Da decisão de rejeição da denúncia ou queixa e da sentença caberá apelação, que poderá ser julgada por turma composta de três Juízes em exercício no primeiro grau de jurisdição, reunidos na sede do Juizado.
>
> § 1º A apelação será interposta no prazo de dez dias, contados da ciência da sentença pelo Ministério Público, pelo réu e seu defensor, por petição escrita, da qual constarão as razões e o pedido do recorrente.
>
> § 2º O recorrido será intimado para oferecer resposta escrita no prazo de dez dias.
>
> § 3º As partes poderão requerer a transcrição da gravação da fita magnética a que alude o § 3º do art. 65 desta Lei.
>
> § 4º As partes serão intimadas da data da sessão de julgamento pela imprensa.
>
> § 5º Se a sentença for confirm3333ada pelos próprios fundamentos, a súmula do julgamento servirá de acórdão.

Como se vê, a apelação no rito dos Juizados Especiais Criminais se destina a guerrear sentenças e decisões que rejeitem a exordial acusatória (denúncia ou queixa-crime). Percebemos, então, que o recurso em exame tem rito diferenciado no procedimento sumaríssimo (Lopes Júnior, 2020).

— 1.2 —
Efeitos

O recurso de apelação tem efeito devolutivo e suspensivo.

Verificamos o **efeito devolutivo** porque, ao interpor o apelo, devolve-se ao tribunal a apreciação de toda matéria de fato e direito impugnada. Ressaltamos que, em caso de recurso defensivo, a matéria será integralmente devolvida ao juízo *ad quem* (Marcão, 2020).

Já o recurso interposto pela acusação será delimitado pela matéria devolvida no bojo de suas razões. Isso acontece em razão da proibição da vedação da *reformatio in pejus*. Assim, se o Ministério Público recorre de uma sentença impugnando, tão somente, o regime inicial da pena, não poderá o Tribunal alterar sua dosimetria aumentando a quantidade.

Destacamos que, ainda em caso de apelo interposto exclusivamente pelo órgão acusatório, poderá o juízo *ad quem* reconhecer, de ofício, matéria de interesse da defesa.

No que concerne ao **efeito suspensivo**, faz-se necessário afastar os erros conceituais da teoria geral do processo, que importa para o processo penal categorias atinentes ao processo civil. A presunção de inocência, prevista no art. 5º, inciso LVII, da Constituição Federal (CF) de 1988, preconiza que ninguém será considerado culpado até o trânsito em julgado de decisão condenatória (Lopes Júnior, 2020).

Nessa toada, o STF, no julgamento das Ações Declaratórias de Constitucionalidade (ADCs) n. 43, 44 e 54, firmou entendimento de que não é possível a execução antecipada da sanção criminal. Na forma do art. 283 do CPP, as prisões antes do trânsito em julgado da decisão condenatória têm natureza de cautelar (Marcão, 2020).

No que tange à sentença absolutória, o art. 386 do CPP assim dispõe:

> Art. 386. O juiz absolverá o réu, mencionando a causa na parte dispositiva, desde que reconheça:
>
> I – estar provada a inexistência do fato;
>
> II – não haver prova da existência do fato;
>
> III – não constituir o fato infração penal;
>
> IV – estar provado que o réu não concorreu para a infração penal;
>
> V – não existir prova de ter o réu concorrido para a infração penal;
>
> VI – existirem circunstâncias que excluam o crime ou isentem o réu de pena (arts. 20, 21, 22, 23, 26 e § 1º do art. 28, todos do Código Penal), ou mesmo se houver fundada dúvida sobre sua existência;
>
> VII – não existir prova suficiente para a condenação.
>
> Parágrafo único. Na sentença absolutória, o juiz:
>
> I – mandará, se for o caso, pôr o réu em liberdade;

II – ordenará a cessação das medidas cautelares e provisoriamente aplicadas;

III – aplicará medida de segurança, se cabível.

Na forma do artigo ora transcrito, uma vez absolvido o acusado, caso esteja preso, deve ser posto em liberdade. Da mesma maneira, em caso de sentença condenatória, o magistrado deve avaliar a necessidade da imposição de prisão preventiva. Portanto, inexiste prisão obrigatória após a decisão. Nesse sentido dispõe o parágrafo 1º do art. 387 do CPP:

> Art. 387. O juiz, ao proferir sentença condenatória:
>
> [...]
>
> § 1º O juiz decidirá, fundamentadamente, sobre a manutenção ou, se for o caso, a imposição de prisão preventiva ou de outra medida cautelar, sem prejuízo do conhecimento de apelação que vier a ser interposta.

Dessa forma, é possível afirmar que o recurso tem efeito suspensivo, pois evita que se forme o título executivo a fim de que se execute a sanção criminal (Lopes Júnior, 2020).

A reforma no CPP, denominada *Pacote Anticrime* – Lei n. 13.964, de 24 de dezembro de 2019 –, trouxe uma questão interessante no que respeita ao efeito devolutivo das decisões proferidas no Plenário do Júri.

O art. 492, parágrafo 4º, do CPP preconiza que as apelações criminais interpostas em face de decisões condenatórias que imponham pena igual ou superior a 15 anos não terão, em regra, efeito suspensivo (Marcão, 2020).

O Pacote Anticrime sofre com vários problemas. Além de equívocos na seara processual – quando, no art. 492, parágrafo 3º, trata de revisão da condenação pelo juízo *ad quem*, o que é impossível, como visto! –, existe a violação da regra constitucional da presunção de inocência ao criar execução provisória da pena. Dessarte, o dispositivo em comento padece de inconstitucionalidade (Marcão, 2020).

Apesar de as leis terem presunção relativa de constitucionalidade, o STF, em 2019, decidiu que a execução provisória da pena é inconstitucional. Ademais, por diversas vezes asseverou que a existência de prisão preventiva obrigatória vai de encontro aos valores constitucionais. A partir de uma leitura que vislumbre a integridade do ordenamento jurídico, é possível afirmar a tendência pela declaração de inconstitucionalidade desses dispositivos por parte da Corte Constitucional pátria (Ruthes, 2014).

Uma vez interposta a apelação, não é dada ao magistrado a possibilidade de exercer o juízo de retratação. Dessa feita, inexiste efeito regressivo (Marcão, 2020).

— 1.3 —
Tempestividade e interposição

A interposição do recurso pode ser feita pelo acusado, por seu defensor, pelo Ministério Público, pelo querelante ou pelo assistente de acusação (Lopes Júnior, 2020).

A interposição, nos ritos regidos pelo CPP, por petição ou termo nos autos, deve ser realizada no prazo de 5 dias corridos. As razões recursais podem ser apresentadas em até 8 dias do recebimento do recurso (Pacelli, 2019).

De acordo com o art. 600, parágrafo 4º, do CPP, o apelante, quando não for o Ministério Público, pode apresentar suas razões perante o juízo *ad quem*. Esse pleito deve ser formulado no termo de interposição (Avena, 2020).

Vale lembrar que o Ministério Público é representado em primeiro grau pelo promotor de Justiça ou procurador da República, a depender se o processo está tramitando perante a Justiça Estadual ou Federal, respectivamente. Dessa forma, tais servidores públicos não têm legitimidade para atuar em segundo grau. Assim, não podem arrazoar recursos que lá estejam (Pacelli, 2019).

Ademais, o Ministério Público Estadual é representado em segundo grau pelos procuradores de Justiça, e o Ministério Público Federal, pelos procuradores regionais federais, que têm a função de *custus legis*, emitindo pareceres nos recursos. Portanto, não podem ser os responsáveis por arrazoar recursos (Pacelli, 2019).

No que tange aos recursos de apelação regidos pela Lei n. 9.099/1995, o prazo de interposição é de 10 dias corridos, e a interposição deve ser feita em peça única. Em outras palavras, a petição já deve conter as razões inclusas (Marcão, 2020).

O prazo para a apresentação de contrarrazões é de 8 dias nos ritos regidos pelo CPP, e de 10 dias nos Juizados Especiais Criminais (Marcão, 2020).

Finalmente, quando da interposição de apelação criminal com fundamento no art. 593 do CPP, a inobservância do prazo de apresentação de razões consiste em mera irregularidade (Marcão, 2020).

— 1.4 —
Peça processual

De início, cumpre ressaltar que a peça de apelação criminal é dividida em peça de interposição e peça de razões. Na petição de interposição, deve ser demonstrado o cabimento e a tempestividade do recurso. Já nas razões recursais, devem ser consignados os motivos de fato e de direito que deem azo à modificação.

— 1.4.1 —
Petição de interposição

A petição de interposição é apresentada perante o juízo de primeiro grau. Dessarte, poderá ter os seguintes endereçamentos (Knippel, 2019):

Modelo de endereçamento

> EXCELENTÍSSIMO SENHOR DOUTOR JUIZ DE DIREITO DA ___ VARA CRIMINAL DA COMARCA DE _____, ESTADO DO _____.
>
> EXCELENTÍSSIMO SENHOR DOUTOR JUIZ-PRESIDENTE DA ___ VARA DO TRIBUNAL DO JÚRI DA COMARCA DE _____, ESTADO DO _____.
>
> EXCELENTÍSSIMO SENHOR DOUTOR JUIZ SUPERVISOR DO ___ JUIZADO ESPECIAL CRIMINAL DA COMARCA DE _____, ESTADO DO _____.
>
> EXCELENTÍSSIMO SENHOR DOUTOR JUIZ FEDERAL DA ___ VARA CRIMINAL DA JUSTIÇA FEDERAL DA SUBSEÇÃO JUDICIÁRIA DE _____.

Feito o endereçamento, o apelante deve indicar a qualificação. É verdade que, na prática, como não se trata da primeira manifestação da parte no processo, utiliza-se a expressão "já devidamente qualificada nos autos em epígrafe".

Após, deve o peticionário informar qual é o fundamento legal de seu apelo, ou seja, o artigo e o inciso que amparam o recurso de apelação e utilizar o verbo *interpor*.

Ao final, deve ser feito o pedido para que o magistrado receba o recurso manejado e o encaminhe ao Tribunal de Justiça, ao Tribunal Regional Federal ou à Turma Recursal (Dezem et al., 2020).

Caso o apelante queira apresentar razões em segunda instância, ao teor do art. 600, parágrafo 4º, do CPP, deve elaborar o requerimento, sob pena de preclusão.

— 1.4.2 —
Razões recursais

As razões recursais são endereçadas ao juízo *ad quem*, ou seja, ao Tribunal de Justiça, ao Tribunal Regional Federal ou à Turma Recursal. Nesse contexto, é sempre bom rememorar que inexiste apelação destinada aos tribunais superiores, pois estes não reavaliam o conjunto probatório.

Quando as razões forem apresentadas ainda em primeiro grau, o recorrente deve elaborar petição de juntada dirigida ao juízo *a quo*. Caso, na forma do art. 600, parágrafo 4º, do CPP, as razões tenham sido apresentadas perante o órgão de segundo grau, a petição de juntada deve ser endereçada ao Tribunal ou à Turma Recursal. As razões conterão o seguinte cabeçalho:

Modelo de endereçamento

Apelante: _____

Apelado: Ministério Público _____

Autos n. _____

Egrégio Tribunal _____

Eminente Desembargador Relator

Vale consignar que, em caso de crime de menor potencial ofensivo, o recurso de apelação será apresentado para a Turma Recursal, devendo, no endereçamento, constar tal órgão jurisdicional. Ademais, o relator será um juiz, e não um desembargador (Knipel, 2019).

Dos fatos

As razões de apelação devem ser divididas em três tópicos. O primeiro versará sobre os fatos; o segundo, sobre o direito; e o terceiro consistirá no pedido (Knippel, 2019).

Na descrição fática, deve ser feito um resumo do processo, contemplando os principais atos processuais e os fatos importantes para o desenvolvimento das teses jurídicas. Em caso de provas e exames, o examinando deve trazer as informações constantes no enunciado sem fazer qualquer acréscimo (Knippel, 2019).

Do direito

A matéria de direito se divide em: preliminares, alegações de mérito e teses subsidiárias.

Nas **preliminares**, podem ser alegadas incompetências absolutas, nulidades processuais e extinção da punibilidade.

Havendo nulidade no processo, deve-se pedir a respectiva declaração. As nulidades advêm de atos processuais defeituosos e devem ser declaradas em decisão judicial. Em regra, se a nulidade ocorreu até o recebimento da exordial (queixa-crime ou denúncia), os efeitos da anulação incidirão desde o início do processo (Dezem et al., 2020).

Nos casos em que a nulidade não ocorreu no momento do recebimento da exordial, deve perquirir-se quais atos foram afetados por aquele que é nulo. Dessarte, o efeito da decisão atingirá todos eles.

As nulidades podem ocorrer, inclusive, na sentença (Dezem et al., 2020). São exemplos: a falta de fundamentação; a inobservância do sistema trifásico de dosimetria da pena; e quando o magistrado simplesmente copia a sentença de outro processo. Neste último caso, há de se pedir a anulação da sentença.

Também podem ser alegadas, em sede preliminar, as causas extintivas de punibilidade que deveriam ter sido reconhecidas pelo magistrado no momento da prolação da sentença, mas não foram (Dezem et al., 2020).

As causas de extinção de punibilidade, em sua grande maioria, estão positivadas no art. 107 do CP:

Art. 107. Extingue-se a punibilidade:

I – pela morte do agente;

II – pela anistia, graça ou indulto;

III – pela retroatividade de lei que não mais considera o fato como criminoso;

IV – pela prescrição, decadência ou perempção;

V – pela renúncia do direito de queixa ou pelo perdão aceito, nos crimes de ação privada;

VI – pela retratação do agente, nos casos em que a lei a admite;

VII – (Revogado pela Lei nº 11.106, de 2005)

VIII – (Revogado pela Lei nº 11.106, de 2005)

IX – pelo perdão judicial, nos casos previstos em lei.

Qualquer uma das causas ora colacionadas pode ser alegada em sede de preliminar de recurso de apelação criminal.

Ultrapassadas as preliminares alegadas, o magistrado adentrará ao mérito, ou seja, decidirá pela absolvição ou condenação do acusado. O mesmo acontece em sede de apelação criminal.

São **alegações de mérito** que podem ser trazidas pela defesa: (a) estar provada a inexistência do fato; (b) não haver prova da existência do fato; (c) o fato não ser típico; (d) ficar provado que o acusado não concorreu para a infração penal; (e) não haver prova de que o réu concorreu para a infração penal; e (f) existir circunstância que isente o acusado de pena, ou, ainda, que exclua o caráter criminoso da conduta (Dezem et al., 2020).

Aqui se discute a autoria, a materialidade, a tipicidade, a antijuridicidade e a culpabilidade. O reconhecimento de qualquer uma dessas teses acarreta absolvição do acusado.

Por fim, as **teses subsidiárias** são aquelas que dizem respeito à diminuição da sanção criminal imposta ao apelante. Portanto, podem ser requeridas: a fixação de pena mínima, a substituição da pena privativa de liberdade por restritivas de direitos (Knippel, 2019) ou, ainda, que seja dada tipificação menos grave à conduta (Dezem et al., 2020).

Por vezes, se acolhida a tese de desclassificação, pode haver nulidade. Como exemplo, citamos a desclassificação de conduta até então entendida como lesão corporal grave para lesão corporal simples. Nesse caso, um crime que era processado mediante ação penal pública incondicionada passa a ser por ação penal pública condicionada à representação. Dessarte, não havendo representação, haverá nulidade pela inobservância de forma essencial do ato e, por conseguinte, todo o processo será anulado (Dezem et al., 2020).

Ocorrendo tal situação, logo após a alegação de desclassificação, deve ser elaborado novo parágrafo aduzindo a nulidade, que só existirá se a tese que versa sobre nova tipificação for acatada pelo Tribunal (Dezem et al., 2020).

Do pedido

Os pedidos devem ser elaborados em conformidade com as teses trazidas nas razões recursais, sendo essencial asseverar que o apelante deve requerer que o recurso seja conhecido e provido. É muito importante utilizar os termos corretos, eis que, em concursos e exames, a utilização de linguagem jurídica é pontuada.

Nas preliminares, ou seja, quando se alegam nulidades, o pleito deve ser pela anulação do processo. A mesma consequência jurídica ocorre quando trazida à lume eventual incompetência absoluta. Já quando houver a alegação de matérias atinentes à extinção da punibilidade, o pleito deve ser pelo seu reconhecimento.

No que tange às matérias de mérito, o pedido deve ser sempre pela reforma da sentença para fins de absolver o apelante. Já se o recurso tiver sido interposto pela acusação, a reforma deve ser para condenar o apelado.

As teses subsidiárias, por seu turno, dão ensejo a pedidos para reformar a sentença para fins de diminuir a sanção, desclassificar o crime ou conceder a substituição da pena privativa de liberdade por restritivas de direitos.

Maior cautela, contudo, há de se ter quando se está diante de uma apelação interposta em face de decisão proferida pelo Plenário do Júri. Isso porque, como visto, os vereditos do Conselho de Sentença são soberanos. Assim, não pode o Tribunal *ad quem* reformar a decisão absolvendo o réu quando o júri o condenou ou vice-versa.

Quando o fundamento for a existência de nulidade posterior à decisão de pronúncia (art. 593, III, "a", do CPP), o pleito deve ser para que a sessão do Plenário seja anulada e refeita.

O apelo pautado na contrariedade da sentença do juiz-presidente à lei ou à decisão dos jurados (art. 593, III, "b", do CPP) não impugna a decisão do Conselho de Sentença, mas, tão somente, a adequação da sentença proferida pelo juiz-presidente. Dessa maneira, pode o tribunal adequar o ato jurisdicional sem ofender a soberania do Tribunal do Júri.

Da mesma forma, o apelo que visa à adequação da pena ou da medida de segurança (art. 593, III, "c", do CPP) não viola a soberania do Tribunal do Júri, pois o pedido é tão somente para a retificação da dosimetria da pena.

Por fim, quando se tratar de recurso que tenha como fundamento a dissociação da decisão do Conselho de Sentença com a prova produzida nos autos, o Tribunal *ad quem* não poderá retificá-la, devendo o pedido limitar-se a requerer a anulação do júri e a consequente realização de nova sessão.

— 1.5 —

Tramitação

Interposto o recurso, os autos serão conclusos para que o juiz singular faça o juízo de admissibilidade. Presentes todos os pressupostos recursais, o magistrado o receberá e determinará a intimação do recorrente para que, no prazo de 8 dias, apresente suas razões recursais. Recebidas as razões, o juízo deverá intimar o recorrido para apresentar suas contrarrazões (Avena, 2020).

Na forma do art. 600, parágrafo 4º, do CPP, a defesa, quando recorrente, pode apresentar as razões no Tribunal *ad quem*. Para que a defesa possa ter essa faculdade, faz-se mister que haja pedido expresso na petição de interposição (Avena, 2020).

Na petição de contrarrazões, que também é endereçada ao Tribunal, devem constar argumentos que rebatam as teses trazidas nas razões de apelação.

Findo o prazo para a apresentação das razões, os autos serão enviados ao Tribunal *ad quem* (Pacelli, 2019). De acordo com Marcão (2020), os autos subirão para a instância superior independentemente da apresentação das razões ou contrarrazões, sem que isso constitua nulidade por cerceamento de defesa.

— 1.6 —
Modelos

Para melhor compreender os conceitos tratados, vejamos, a seguir, um exercício que servirá como modelo para futuros concursos ou para a prática profissional.

Enunciado

Em 13 de novembro de 2018, o Ministério Público do Estado do Paraná ofereceu denúncia perante a 1ª Vara Criminal de São José dos Pinhais, em face de Pedro José de Tal, brasileiro, desempregado, primário e de bons antecedentes, por ter cometido em 12 de abril de 2018, em tese, o crime de roubo tipificado no art. 157, *caput*, do Código Penal. A denúncia foi recebida e a citação do acusado foi feita via postal. O aviso foi recebido por um primo distante do acusado. Não foi apresentada Resposta à Acusação e o magistrado nomeou defensor dativo. Na audiência de instrução, foram ouvidas a vítima e duas testemunhas que afirmaram que o réu não utilizou de violência ou grave ameaça. Juntou-se também laudo de avaliação do bem subtraído que perfazia a monta de R$ 100,00 (cem reais). Ao final, o acusado foi condenado pelo cometimento do crime de roubo simples à pena de 05 (cinco) anos de reclusão. Na dosimetria da pena, houve um incremento, na fase do art. 59 do Código Penal, em razão dos maus antecedentes do condenado. O juiz justificou tal fato em razão de um inquérito policial arquivado em desfavor do apenado. O réu foi intimado da sentença em 20 de março de 2021 (sexta-feira) e se dirigiu ao seu escritório. Na condição de advogado do réu, apresente o recurso cabível. Apresente também as razões recusais.

Modelo de petição de interposição

EXCELENTÍSSIMO SENHOR DOUTOR JUIZ DE DIREITO DA 1ª VARA CRIMINAL DE SÃO JOSÉ DOS PINHAS – ESTADO DO PARANÁ

Autos n. _____
Recorrente: Pedro José de Tal
Recorrido: Ministério Público do Estado do Paraná.

Pedro José de Tal, já devidamente qualificado nos autos em epígrafe, vem, tempestivamente, por meio de seu procurador adiante assinado, à presença de Vossa Excelência, com fundamento no art. 593, inciso I, do Código de Processo Penal, interpor:

RECURSO DE APELAÇÃO CRIMINAL

Em face de sentença condenatória prolatada por este juízo, requerendo que este recurso seja recebido, com as razões anexas, e remetido ao Tribunal de Justiça para que seja conhecido e provido.

Nestes termos,
pede deferimento.
São José dos Pinhas, 27 de março de 2020.
Nome do Advogado.
OAB/XX XX.XXX

Modelo de razões recursais

Autos n. _____
Recorrente: Pedro José de Tal
Recorrido: Ministério Público do Estado do Paraná

Egrégio Tribunal de Justiça do Estado do Paraná
Eminente Desembargador Relator
Doutos Julgadores

Pedro José de Tal, já devidamente qualificado nos autos em epígrafe, vem, por meio de seu procurador que ao final subscreve, apresentar as **RAZÕES RECURSAIS** requerendo o conhecimento deste recurso e o seu provimento.

I – DOS FATOS

Em data de 13 de novembro de 2018, o Ministério Público do Estado do Paraná ofereceu denúncia em face do apelante por ter, em tese, cometido o crime de roubo tipificado no art. 157, *caput*, do Código Penal. A denúncia fora recebida e determinada a citação do acusado.

Cumpre salientar que, ao arrepio da legislação vigente, a citação foi realizada por aviso de recebimento; agrava mais a situação que a correspondência foi recebida pelo primo do apelante.

Agrava a situação o fato de que o Douto juízo singular nomeou defensor dativo para que o processo seguisse sua marcha. Em audiência de instrução foram ouvidas três testemunhas que afirmaram que não houve qualquer forma de violência ou grave ameaça para a subtração da *res*. Ademais, a coisa subtraída foi avaliada em cem reais.

O apelante fora intimado da sentença condenatória e interpôs o presente recurso visando a sua reforma.

II – DO DIREITO

a) Preliminarmente – Da nulidade do processo

O Código de Processo Penal, em seus arts. 351 e 361, prevê que a citação inicial do acusado se dará, respectivamente, por mandado ou por edital. Nesse caso, se o réu não for encontrado. Como se vê, inexiste a previsão para a citação por via postal.

O art. 564, inciso III, alínea "e", do Código Processual Penal estabelece que a ausência de citação é causa para a nulidade do processo. Nessa esteira, é possível se concluir que a citação defeituosa fará com que o processo também seja maculado e, portanto, nulo.

No presente caso, a citação não obedeceu às formalidades existentes no Código de Processo Penal, eis que foi expedida por via postal e entregue à pessoa diversa da do apelante. Tal fato lhe impossibilitou a ampla defesa e o contraditório previstos no art. 5º, inciso LIV, da Constituição Federal.

Por todo exposto, o presente feito deve ser declarado nulo desde o momento da citação se espraiando por todos os demais atos processuais, em especial, os decisórios.

b) Mérito – Da desclassificação para furto simples
No caso de não acolhimento da preliminar acima arguida, o que se admite apenas por amor ao argumento, deve se demonstrar a inadequação da tipificação dada na sentença ora guerreada.

Para a caracterização do crime de roubo, conforme o art. 157, *caput*, do Código Penal, faz-se mister a presença das elementares "grave ameaça" ou "violência". Faltando qualquer uma destas, estar-se-á diante do crime de furto.

Colhe-se da prova produzida em juízo que não houve qualquer forma de violência ou grave ameaça à vítima. Dessarte, deve a conduta ser desclassificada para o crime de furto tipificado no art. 155, *caput*, do Código Penal.

c) Mérito – Da suspensão condicional do processo
Uma vez desclassificado o crime para furto, há de se aplicar o que dispõe o art. 89 da Lei n. 9.099/1995, segundo o qual nos crimes com pena mínima não superior a um ano, e desde que o acusado tenha bons antecedentes, deve o Ministério Público oferecer acordo de suspensão condicional do processo.

No caso em apreço, o acusado ostenta bons antecedentes e o crime de furto tem pena mínima. Nessa quadra, o apelante faz jus ao oferecimento do benefício.

d) Mérito – Do princípio da insignificância
A tipicidade se divide em tipicidade objetiva e subjetiva. Enquanto esta diz respeito ao dolo ou à culpa, aquela está ligada ao grau de ofensividade da conduta.

No caso em questão, a *res* furtiva é de pequeno valor (cem reais) e o apelante é primário e de bons antecedentes, razão pela qual a conduta não apresenta qualquer lesividade e periculosidade.

Uma vez demonstrada que não há tipicidade objetiva, é medida de rigor a absolvição do apelante por atipicidade da conduta.

e) Subsidiariamente – Da diminuição da pena em caso de não absolvição pelo crime de furto

Na remota hipótese de não acolhimento das teses acima, o que não se espera, há de se consignar que o art. 155, parágrafo 2º, do Código Penal preconiza que a pena privativa de reclusão poderá ser substituída por detenção, bem como ser reduzida em até dois terços.

No presente caso, como já consignado alhures, o apelante ostenta bons antecedentes, é primário e a coisa furtada foi de pequeno valor. Nesse interim, requer-se a diminuição da pena em 2/3 (dois terços).

Ademais, por atender aos requisitos do art. 44 do Código Penal, o apelante tem direito à substituição da pena privativa de liberdade por restritivas de direitos.

f) Subsidiariamente – Do equívoco na avaliação das circunstâncias judiciais previstas no art. 59 do Código Penal

Em não sendo aceita a tese de desclassificação do crime de roubo para o crime de furto, o que se admite apenas em razão do princípio da eventualidade, necessário se faz demonstrar o equívoco do juízo *a quo* no que toca à dosimetria da pena.

O art. 59 do Código Penal determina que o magistrado, no momento de fixar a pena base, deve avaliar os antecedentes do condenado. Todavia, a doutrina e a jurisprudência entendem que as decisões de arquivamento de inquérito policial não possuem o condão de ser consideradas para fins de incremento da pena-base.

No caso em apreço, o apelante não tem qualquer condenação em seu desfavor, tão somente um inquérito policial devidamente arquivado. De se notar que o arquivamento se dá em razão da inexistência de indícios mínimos de autoria e materialidade para o oferecimento da denúncia. Nesse sentido, considerar tal situação para aumentar o *quantum* da sanção criminal fere frontalmente a presunção de inocência, que está positivada no art. 5º, inciso LVII, da Constituição Federal.

Portanto, a pena a ser aplicada ao apelante deverá observar o mínimo legal.

III – DO PEDIDO

Face ao aqui exposto, requer-se que este recurso seja conhecido e provido para fins de:

a. Decretar, com base nos arts. 351, 361, 564, inciso II, alínea "e", do Código de Processo Penal e art. 5º, inciso LIV, da Constituição Federal, a nulidade da citação do apelante, bem como de todos os atos subsequentes, em especial, da sentença condenatória.

b. Em não sendo acolhido o pleito acima consignado, que seja desclassificado o crime de roubo para o de furto e, por conseguinte, que seja o apelante absolvido, ao teor do art. 386, inciso III, do Código de Processo Penal, em razão da atipicidade objetiva de sua conduta.

c. Em não sendo aceito o pleito de absolvição, que a sanção do apelante seja reduzida em 2/3 (dois terços), na forma do art. 155, parágrafo 2º, do Código Penal, eis que se trata de furto de pequeno valor. Requer-se, ainda, na forma do art. 44 do Código Penal a substituição da pena privativa de liberdade por restritivas de direitos.

d. Por fim, em caso de não acolhimento da tese da desclassificação, que a pena base seja fixada em seu *quantum* mínimo, afastando-se o aumento da pena em razão da valoração de inquérito policial arquivado como antecedentes do apelante.

Nestes termos,
pede deferimento.
São José dos Pinhais, 27 de março de 2021.
ADVOGADO
OAB/XX XX.XXX

Como já visto, salvo nos Juizados Especiais Criminais, as razões de apelação podem ser apresentadas em momento diverso da interposição do recurso. Inclusive, podem ser apresentadas no Tribunal *ad quem*, desde que, na forma do art. 600, parágrafo 4º, do CPP, seja requerido na petição de interposição. Vejamos, aseguir, um modelo de petição de juntada, que é deveras simples.

Modelo de petição de juntada

EXCELENTÍSSIMO SENHOR DOUTOR JUIZ DE DIREITO DA COMARCA DE SÃO JOSÉ DE PINHAIS – ESTADO DO PARANÁ

Autos n. _____

Apelante: Pedro José de Tal

Apelado: Ministério Público do Paraná

PEDRO JOSÉ DE TAL, já devidamente qualificado nos autos em epígrafe, vem respeitosamente, por meio de seu bastante procurador, à presença de Vossa Excelência, em cumprimento à intimação de fls. X, apresentar RAZÕES RECURSAIS, inclusas a este petitório, requerendo-se o prosseguimento do feito.

Nestes termos,
pede deferimento.
São José dos Pinhais, 5 de abril de 2021.
ADVOGADO
OAB/XX XX.XXX

Capítulo 2

Recurso em sentido estrito

Neste capítulo, abordaremos as características inerentes ao recurso em sentido estrito. Nesse sentido, contemplaremos aqui o cabimento desse recurso, bem como a competência, a interposição e os efeitos recursais, além dos requisitos e dos modelos da respectiva peça processual.

— 2.1 —

Cabimento

O recurso em sentido estrito (Rese) é utilizado para impugnar decisões de caráter interlocutório (Lopes Júnior, 2021a). Importante ressaltar que os despachos de mero expediente não são impugnáveis por essa via recursal. Isso porque esse tipo de decisão proporciona o mero impulso oficial do processo, não gerando gravame à parte.

Cumpre ressaltar que nem todas as decisões interlocutórias desafiam o Rese, somente aquelas que põem fim à determinada fase do processo (Pacelli, 2019).

As decisões interlocutórias que serão impugnadas mediante **Rese foram decididas pelo Poder Legislativo** (Pacelli, 2019). Dessarte, a princípio, as decisões guerreadas por esse tipo de recurso estão previstas no art. 581 do Código de Processo Penal (CPP) – Decreto-Lei n. 3.689, de 3 de outubro de 1941.

Vale salientar que, em homenagem aos critérios da hermenêutica extensiva (art. 3º do CPP), é possível, excepcionalmente, admitir o manejo de Rese em situações não contempladas no art. 581 da Lei Processual Penal (Avena, 2020). Ademais, existem hipóteses de cabimento contempladas na legislação extravagante.

A partir de agora, abordaremos as hipóteses de cabimento do recurso em voga. Para isso, primeiramente, analisaremos os ditames do art. 581 do CPP, posteriormente, as hipóteses da legislação extravagante e, finalmente, as construções jurisprudenciais sobre o tema.

— 2.1.1 —
Hipóteses do Código de Processo Penal

Para melhor ilustrar a disciplina legal do tema, vale colacionar a íntegra do art. 581 do CPP, para, depois, abordarmos cada inciso de maneira individual. Vejamos:

> Art. 581. Caberá recurso, no sentido estrito, da decisão, despacho ou sentença:
>
> I – que não receber a denúncia ou a queixa;
>
> II – que concluir pela incompetência do juízo;
>
> III – que julgar procedentes as exceções, salvo a de suspeição;
>
> IV – que pronunciar o réu;
>
> V – que conceder, negar, arbitrar, cassar ou julgar inidônea a fiança, indeferir requerimento de prisão preventiva ou revogá-la, conceder liberdade provisória ou relaxar a prisão em flagrante;
>
> VI – (Revogado pela Lei n. 11.689, de 2008)

VII – que julgar quebrada a fiança ou perdido o seu valor;

VIII – que decretar a prescrição ou julgar, por outro modo, extinta a punibilidade;

IX – que indeferir o pedido de reconhecimento da prescrição ou de outra causa extintiva da punibilidade;

X – que conceder ou negar a ordem de habeas corpus;

XI – que conceder, negar ou revogar a suspensão condicional da pena;

XII – que conceder, negar ou revogar livramento condicional;

XIII – que anular o processo da instrução criminal, no todo ou em parte;

XIV – que incluir jurado na lista geral ou desta o excluir;

XV – que denegar a apelação ou a julgar deserta;

XVI – que ordenar a suspensão do processo, em virtude de questão prejudicial;

XVII – que decidir sobre a unificação de penas;

XVIII – que decidir o incidente de falsidade;

XIX – que decretar medida de segurança, depois de transitar a sentença em julgado;

XX – que impuser medida de segurança por transgressão de outra;

XXI – que mantiver ou substituir a medida de segurança, nos casos do art. 774;

XXII – que revogar a medida de segurança;

XXIII – que deixar de revogar a medida de segurança, nos casos em que a lei admite a revogação;

XXIV – que converter a multa em detenção ou em prisão simples.

XXV – que recusar homologação à proposta de acordo de não persecução penal, previsto no art. 28-A desta Lei.

O recurso pautado no **inciso I** visa impugnar decisão que rejeita ou não recebe a exordial acusatória. Os motivos que dão ensejos ao não recebimento da denúncia ou da queixa-crime estão previstos no art. 395 do CPP, sendo eles: (a) a falta de condição de ação; (b) a falta de pressuposto processual; e (c) a inépcia ou a ausência de justa causa (Lopes Júnior, 2021a).

De se notar que a decisão ora em estudo tem natureza jurídica de decisão interlocutória mista terminativa, pois põe fim ao feito sem a resolução do caso penal (Avena, 2020).

A argumentação do recurso interposto com base nesse dispositivo legal tem o objetivo de demonstrar que a peça inaugural contemplava os requisitos delineados no art. 41 do CPP e que estavam presentes as condições da ação, bem como que havia indícios suficientes de autoria e materialidade. Uma vez dado provimento ao pleito recursal da acusação, será a peça recebida (Pacelli, 2019).

Interessante trazer à lume o disposto na Súmula n. 709 do Supremo Tribunal Federal (STF), conforme segue: "Salvo quando nula a decisão de primeiro grau, o acórdão que provê o recurso contra a rejeição da denúncia vale, desde logo, pelo recebimento dela". Nessa esteira, uma vez havendo provimento do recurso, a peça acusatória será considerada recebida naquela data para todos os fins. Noutro vértice, se a decisão guerreada padecer de nulidade, o provimento do recurso será para que aquela seja novamente elaborada, isto é, o recebimento ocorrerá a partir da nova decisão proferida por juiz de primeiro grau (Marcão, 2020).

Quando o acusado não tenha sido noticiado/citado e a denúncia for rejeitada, na forma da Súmula n. 707 do STF, deve o magistrado, por ocasião da interposição de RESE, intimar o acusado/recorrido para o oferecimento de contrarrazões. Ressaltamos que a nomeação de defensor dativo não supre tal providência processual, em razão da incidência do princípio do contraditório e da ampla defesa (Marcão, 2020).

Da decisão que recebe a denúncia ou a queixa e, portanto, dá seguimento ao processo, não cabe recurso. Todavia, é possível sua impugnação por meio de *habeas corpus* (Lopes Júnior, 2021a).

O recurso interposto com base no **inciso II** tem como objetivo impugnar decisão que declarou a incompetência do juízo processante. Frisamos que somente é cabível Rese com fulcro nesse dispositivo legal quando a decisão for proferida fora dos autos de exceções (Lopes Júnior, 2021a).

O objetivo de impugnar a decisão de desclassificação própria proferida na primeira fase do Tribunal do Júri é amparado no inciso em análise (Avena, 2020). Ademais, a natureza jurídica da decisão que reconhecer incompetência é de interlocutória simples. Isso acontece não em razão de pôr termo ao processo, mas, tão somente, remeter os autos para o processamento ao juízo competente (Avena, 2020).

No presente caso, há de se ter em mente que se trata de incompetência absoluta, ou seja, aquela que tem como ponto fixador da competência judicial a pessoa do acusado (foro por prerrogativa de função) ou da matéria (crimes dolosos contra a vida e tribunal do júri). A incompetência territorial relativa deve ser arguida mediante exceção própria e não pode ser reconhecida de ofício pelo magistrado, conforme preconiza a Súmula n. 33 do Superior Tribunal de Justiça (STJ) (Avena, 2020).

Na hipótese de juiz absolutamente incompetente julgar o caso penal, todo o processo será nulo em homenagem ao princípio do juiz natural, devendo ser alegado em sede de preliminar de apelação recurso especial e recurso extraordinário.

O **inciso III** dá azo à impugnação de decisões que julguem procedentes as exceções opostas no processo penal. Pode ter natureza jurídica de decisão interlocutória simples ou terminativa. A classificação dependerá de estar-se diante de uma exceção dilatória ou peremptória. As dilatórias são aquelas em que a procedência não enseja a extinção do feito, como a exceção de incompetência. Já as peremptórias extinguirão o feito se julgadas procedentes, a exemplo da exceção de litispendência, coisa julgada e ilegitimidade (Avena, 2020).

Como é possível notar da leitura do próprio inciso, não é cabível Rese em caso de procedência da exceção de suspeição. Isso ocorre por duas razões: (a) não faz sentido a interposição de recurso em face de decisão que o próprio juiz se declarou suspeito; e (b) em caso de não reconhecimento da suspeição por parte do magistrado, os autos serão encaminhados à segunda instância. Veja-se que, nesse caso, o julgamento ocorrerá por tribunal, e o recurso em comento somente é cabível para impugnar decisões do juiz de primeiro grau (Marcão, 2020; Pacelli, 2019).

Da decisão que rejeita as exceções não é cabível interposição de Rese, mas desafiam *habeas corpus*.

O **inciso IV** fundamenta o Rese que visa impugnar decisão que pronuncia o acusado no rito do Tribunal do Júri (Pacelli, 2019). Dessa forma, o magistrado encaminha o réu para o julgamento efetuado pelo Conselho de Sentença (Lopes Júnior, 2021a). Portanto, trata-se de decisão interlocutória mista não terminativa (Avena, 2020).

Caso a decisão seja de impronúncia, o fim do processo se imporá, razão pela qual cabe o manejo do recurso de apelação, ao teor do art. 416 do CPP (Marcão, 2020).

Importante frisar que, no Rese que for fundamentado nesse inciso, a vinculação é livre, portanto, eventuais nulidades absolutas ou relativas que existam no feito devem aqui ser alegadas, sob pena de preclusão destas.

O **inciso V**, por seu turno, prevê a possibilidade de manejo do Rese para impugnar decisão que conceder, negar, arbitrar, cassar ou julgar inidônea a fiança, bem como quando indeferir pleito de prisão preventiva, revogá-la ou relaxar prisão em flagrante. Para melhor analisar o dispositivo, é necessário dividi-lo em duas partes.

A primeira diz respeito à **fiança**, derivada da palavra italiana *fidúcia*, que significa "confiança". É uma contracautela prestada pelo flagrado ou pelo acusado para garantir a sua liberdade.

O indeferimento consiste na negativa do pedido de liberdade provisória com o arbitramento de fiança, o que implica a manutenção do acusado em cárcere. A fiança será cassada quando, em razão de nova tipificação dada ao ato delituoso, não for mais cabível seu arbitramento. São os ditos *crimes inafiançáveis* (Lopes Júnior, 2021a).

A segunda é a **prisão preventiva**, que consiste na segregação cautelar do investigado ou acusado para fins de garantir a instrução criminal, a aplicação da lei penal e a ordem pública e econômica, bem como para a efetivação das medidas de proteção da Lei Maria da Penha. Uma vez desaparecidos os pressupostos autorizadores da segregação, esta deve ser revogada. A decisão que indeferir a segregação ou a revogar pode ser impugnada por Rese. Por outro lado, é irrecorrível a decisão que decretar a prisão preventiva ou que não revogá-la.

O **inciso VI**, o qual previa que a decisão que absolvesse sumariamente o réu no rito do Tribunal do Júri seria impugnável por Rese, foi revogado pela Lei n. 11.689/2008. Na nova sistemática recursal, e com maior rigor técnico, o recurso atualmente cabível é a apelação criminal (Lopes Júnior, 2021a).

O **inciso VII** trata de decisão que julgue quebrada a fiança ou o perdimento de seu valor, caracterizando, portanto, decisão interlocutória simples (Avena, 2020). Configura-se a quebra pelo não comparecimento do acusado a ato processual para o qual foi regulamente intimado ou, ainda, pela recusa injustificada em cumprir ordem judicial. Já a perda acontece pela não apresentação do acusado para cumprir sua pena após o trânsito em julgado de decisão condenatória (Marcão, 2020).

Apesar dessa previsão recursal, Aury Lopes Júnior (2021a) adverte que, na maioria das vezes, o remédio utilizado para impugnar a decisão em comento é o *habeas corpus*.

O **inciso VIII** versa sobre decisões de reconheçam a extinção da punibilidade, inclusive no caso da prescrição. A presente decisão tem o condão de extinguir o feito sem analisar a culpa do acusado, razão por que sua natureza jurídica é interlocutória terminativa, devendo ser atacada por apelação (Marcão, 2020). Todavia, por opção legislativa, é impugnada por Rese.

A prescrição é causa extintiva de punibilidade e consiste na perda do direito de punir do Estado em razão do decurso de tempo (Bitencourt, 2020). Por ser matéria de ordem pública, pode ser reconhecida a qualquer momento e de ofício pelo magistrado. A prescrição pode ser requerida pelo Ministério Público ou pela defesa.

As demais causas de extinção da punibilidade também estão previstas no art. 107 do Código Penal (CP) – Decreto-Lei n. 2.848, de 7 de dezembro de 1940 – e todas têm o condão de obstar o exercício do poder punitivo estatal. Em outras palavras, consistem na renúncia ou na abdicação do Estado ao direito de punir, sem, contudo, afastar a ação típica, em tese, praticada pelo acusado (Bitencourt, 2020).

Cumpre ressaltar que tais institutos são de direito material, e não de direito processual – portanto, contam desde o primeiro dia (Bitencourt, 2020).

O **inciso IX** trata de decisão que indefere o pedido de reconhecimento de prescrição ou outra causa extintiva de punibilidade. É decisão interlocutória simples e, no caso em apreço, o Rese tem aplicação residual. Isso porque, se a extinção não for reconhecida em sede de sentença, cabe apelação, e se o indeferimento ocorrer na execução penal, cabe agravo em execução (Avena, 2020).

Sobre as considerações acerca da prescrição e das causas extintivas de punibilidade, remetemos o leitor aos comentários traçados quando da análise do inciso VIII.

O **inciso X** prevê a possibilidade de utilização do Rese para impugnar decisão que concede ou nega a ordem em *habeas corpus*. Trata-se de decisão interlocutória terminativa, contudo, apesar de extinguir o processo, não se confunde com sentença. Isso porque a sentença analisa o mérito do caso penal, o que a decisão em estudo não faz (Avena, 2020).

O presente recurso somente é cabível diante de decisão prolatada por juiz singular, ou seja, não é cabível de decisão proferida por magistrado integrante de órgão jurisdicional vinculado aos tribunais (Marcão, 2020).

Questão interessante é a discussão acerca da aplicabilidade do art. 574, inciso I, do CPP, que preconiza que haverá recurso, de ofício, nas decisões que concedam a ordem em *habeas corpus*. Para Avena (2020), a referida regra ainda é aplicável. Entretanto, com maior razão, Marcão (2020) afirma que o dispositivo não foi recepcionado pela Constituição Federal (CF) de 1988, eis que há de se implementar um processo penal acusatório. Dessarte, seria ônus do Ministério Público recorrer de tal decisão, não cabendo ao julgador ter qualquer iniciativa recursal.

O **inciso XI** trata da concessão ou revogação da suspenção condicional da pena. A suspensão da pena é modalidade de *sursis* na qual, mediante algumas condições, é obstada a execução de sanção criminal: Ela pode ser concedida em sentença ou em sede de execução, com natureza jurídica de sentença ou interlocutória simples (Avena, 2020).

Se a concessão, ou indeferimento, ocorrer em sede de sentença, o recurso cabível é a apelação criminal. Já se a discussão acontecer na execução da pena, é cabível agravo em execução (Avena, 2020).

O **inciso XII** trata do livramento condicional, que é instituto da execução da pena. Dessarte, perdeu sua eficácia e é atacado por agravo em execução.

O **inciso XIII** preconiza que a decisão que anular os atos do processo serão impugnáveis mediante Rese, todavia, se essa decisão ocorrer em sede de sentença, o recurso manejável é a apelação.

A decisão que declara a nulidade insanável de ato processual é impugnada por Rese. Já as decisões que se negam declarar a nulidade de tais atos são irrecorríveis. Pode, contudo, ser impugnada mediante *habeas corpus* ou, ainda, ser arguida em sede de preliminar em apelação criminal (Lopes Júnior, 2021a).

O **inciso XIV** prevê que é possível impugnar a decisão que exclua ou inclua jurado na lista geral por meio do recurso ora estudado. Interessante consignar que o prazo é de 20 dias (Lopes Júnior, 2021a). O prazo inicia-se a partir da publicação da lista definitiva dos jurados. Ademais, o recurso interposto sob esse fundamento deve ser endereçado ao desembargador presidente do Tribunal. Interessante mencionar que pode tanto ser na Justiça Estadual quanto na Justiça Federal (Marcão, 2020).

O **inciso XV** disciplina a possibilidade de interposição de recurso contra decisão que denegar a apelação ou a julgar deserta. Em outras palavras, é a decisão do juízo de primeiro grau que nega seguimento ao apelo. Trata-se de decisão interlocutória simples (Avena, 2020).

O objetivo do recurso interposto com fulcro nesse inciso é que a apelação suba ao Tribunal *ad quem*. Nega-se o seguimento do apelo por ausência de pressuposto processual (por exemplo, a tempestividade) ou por deserção, que, atualmente, consiste no não recolhimento das custas nas ações processuais penais de iniciativa privada (Lopes Júnior, 2021a).

O **inciso VI** prevê a possibilidade de interposição do Rese para impugnar decisão que determina a suspensão do processo em razão de questão prejudicial. Tal decisão tem a natureza jurídica de interlocutória simples, eis que não importa na extinção do feito, mas tão somente em sua suspensão (Avena, 2020). Insta mencionar que o prazo prescricional também é suspenso.

Ressaltamos que existem questões importantes de natureza extrapenal que podem ser analisadas, primeiramente, por juízes da esfera cível (Lopes Júnior, 2021a). As exceções estão previstas nos arts. 92 e 93 da Constituição Federal. As primeiras são de caráter obrigatório, pois versam sobre o estado civil das pessoas, enquanto as últimas não são, pois tratam de outras matérias de direito civil.

O **inciso XVII** preconiza que é cabível Rese para guerrear decisão que decide sobre a unificação de penas. Esse dispositivo tem sua eficácia prejudicada em razão da Lei de Execuções Penais – Lei n. 7.210, de 11 de julho de 1984 (Marcão, 2020).

O **inciso XVIII** prevê que é possível interpor Rese de decisão que decidir o incidente de falsidade. Essa decisão tem natureza jurídica de interlocutória terminativa, eis que põe fim ao incidente (Avena, 2020).

O incidente de falsidade tem como finalidade apurar a veracidade de documentos juntados aos autos do processo criminal. É regulamentado pelos arts. 145 e seguintes do CPP (Marcão, 2020).

O **inciso XIX** trata da decisão que decretar medida de segurança depois do trânsito em julgado de decisão condenatória. Como bem ensina Marcão (2020), com a reforma do CP e com o advento da Lei de Execução Penal, aboliu-se o sistema binário e adotou-se o sistema vicariante. Isso significa que somente é possível a imposição de pena criminal ou de medida de segurança. Caso esta tenha sido imposta em razão de sentença de absolvição imprópria, o recurso cabível é a apelação criminal. Já se a doença mental se instaura após a condenação transitada em julgado (ou seja, na execução penal), o recurso é o agravo em execução.

Em apertada síntese, é possível se falar que esse inciso perdeu a eficácia com a promulgação da Lei de Execuções Penais (Lopes Júnior, 2021a).

O **inciso XX** previa a possibilidade de interposição de Rese contra decisão que imponha medida de segurança por transgressão de outra, mas tal previsão não tem mais aplicabilidade em virtude da Lei de Execuções Penais (Lopes Júnior, 2021a).

A mesma sorte tem o **inciso XXI**, que prevê a interposição de Rese que mantiver ou substituir medida de segurança, eis que a Lei de Execuções Penais previu recurso específico para a matéria (Lopes Júnior, 2021a).

O **inciso XXII** preconiza que a decisão que revoga a medida de segurança desafia Rese. Todavia, o art. 197 da Lei de Execuções Penais trouxe nova regulamentação à matéria e, hodiernamente, é cabível agravo em execução. Dessarte, o inciso em comento está sem eficácia (Marcão, 2020).

Nessa mesma sorte, o **inciso XXIII** encontra-se sem eficácia, pois, por se tratar de decisão proferida em sede de execução penal, está sujeito à impugnação por agravo em execução (Marcão, 2020).

O **inciso XXIV** trata da decisão que converteria a pena de multa em restritiva de liberdade. Contudo, o art. 51 do CP veda tal conversão, logo, o presente inciso é inaplicável (Marcão, 2020).

A Lei n. 13.964, de 24 de dezembro de 2019 também chamada de *Pacote Anticrime*, introduziu no sistema judiciário brasileiro o Acordo de Não Persecução Penal – instituto tributário à justiça negociada e de eticidade questionável, o qual visa evitar o processo criminal, em alguns casos, mediante acordo entre o titular da ação processual penal pública e o acusado. Caso o juiz se negue a homologar tal acordo, por entender ser este inadequado, insuficiente ou abusivo, é possível a interposição de Rese (Lopes Júnior, 2021a).

— 2.1.2 —
Hipóteses da legislação extravagante

Existem hipóteses de Rese que estão positivadas fora do CPP. A seguir, abordaremos as principais.

O art. 294 do **Código Nacional de Trânsito** (CNT) – Lei n. 9.503, de 23 de setembro de 1997 – permite que, a qualquer fase da investigação criminal ou do processo, de ofício, ou mediante requerimento ou representação, o magistrado suspenda a permissão ou a habilitação para dirigir, desde que tal providência seja necessária para a garantia da ordem pública. Essa decisão desafia Rese, com efeitos suspensivos (Avena, 2020). Para melhor demonstrar, colacionamos o referido artigo:

Art. 294. Em qualquer fase da investigação ou da ação penal, havendo necessidade para a garantia da ordem pública, poderá o juiz, como medida cautelar, de ofício, ou a requerimento do Ministério Público ou ainda mediante representação da autoridade policial, decretar, em decisão motivada, a suspensão da permissão ou da habilitação para dirigir veículo automotor, ou a proibição de sua obtenção.

Parágrafo único. Da decisão que decretar a suspensão ou a medida cautelar, ou da que indeferir o requerimento do Ministério Público, caberá recurso em sentido estrito, sem efeito suspensivo.

Já a **Lei n. 1.508, de 19 de dezembro de 1951**, prevê, quando do processamento das contravenções tipificadas nos arts. 58 e 60 do Decreto-Lei n. 6.259/1944, que o arquivamento da representação pode ser impugnado por Rese (Avena, 2020).

Existe também a previsão no **Decreto-Lei n. 201, de 27 de fevereiro de 1967**, que preconiza, em seu art. 2º, que, nos crimes de responsabilidade do prefeito municipal, o despacho que o afastar do cargo, decretar ou negar a prisão preventiva é impugnável via Rese, a ser interposto no prazo de 5 dias, com efeito suspensivo quando a decisão afasta o acusado do cargo ou decreta a prisão preventiva. O recurso deve ser endereçado ao tribunal competente (Avena, 2020).

O dispositivo legal aqui tratado merece ser lido a partir das lentes constitucionais. O art. 29, inciso X, da CF/1988 estabelece que a competência para julgar os prefeitos municipais é do Tribunal de Justiça. O STF entende que tal prerrogativa de foro só prevalece quando o crime tiver conexão com as atividades do agente político. Nos crimes de responsabilidade, essa conexão é inconteste. Portanto, enquanto o prefeito estiver ocupando o cargo eletivo, aplicar-se-á o rito dos tribunais. Após o término do mandado, deve ser aplicado o rito do Decreto-Lei n. 201/1967 (Avena, 2020).

— 2.1.3 —
Interpretação extensiva

O art. 3º do CPP abre caminho para que se lance mão da interpretação extensiva e analógica. Dessarte, algumas hipóteses que se assemelhem às estampadas nos incisos do art. 581 do mesmo diploma legal podem ensejar a interposição e o conhecimento de Rese (Avena, 2020).

Nesse sentido, Pacelli (2019) entende ser possível a interposição de Rese em face de decisão que indeferiu o pleito de antecipação de prova nos casos de citação por edital. Sempre é de bom alvitre consignar que a antecipação de provas se reveste, via de regra, de urgência. Por isso, não se pode aguardar a prolação de sentença para ser impugnada por meio de apelação criminal.

Na mesma esteira, o presente recurso pode ser interposto contra decisão que nega a prisão temporária. Isso ocorre pela inquestionável similaridade com a decisão que nega a decretação de prisão preventiva e que é guerreada por Rese. Nesse diapasão, é perfeitamente cabível lançar-se mão da técnica hermenêutica da analogia (Avena, 2020).

No mesmo sentido, Marcão (2020) afirma que existe um descompasso entre as regras estampadas nos incisos do art. 581 com as constantes alterações do CPP. Dessa forma, segundo o autor, é possível a impugnação de decisões que neguem a homologação de acordo de suspensão condicional do processo, que vem consignada no art. 89 da Lei n. 9.099, de 26 de setembro de 1995, mediante Rese.

A jurisprudência do STJ vem caminhando nesse sentido: conclusão de que não se está diante de um rol taxativo.

— 2.2 —
Competência

A competência para processamento e julgamento são dos tribunais de apelação. É necessário lembrar que o CPP foi editado em período constitucional diverso do que o Brasil se encontra agora. Por isso, faz-se mister a atualização da leitura de seus dispositivos (Avena, 2020).

Nessa toada, cabe aos tribunais de segundo grau o processamento e o julgamento do Rese, sendo de atribuição dos Tribunais de Justiça, Tribunais Regionais Federais ou Tribunais Regionais Eleitorais. Ao passo que os Tribunais de Justiça são divididos em Câmaras, os Tribunais Regionais Federais são estruturados em turmas (Avena, 2020).

Por fim, como já consignado, o Rese que visa impugnar a inclusão ou a exclusão de jurados em lista deve ser julgado pelo presidente dos Tribunais Regionais Federais e dos Tribunais de Justiça. Interessante mencionar que a Justiça Federal também conta com o Tribunal do Júri para julgar crimes contra a vida que se subsumam às hipóteses do art. 109 da CF/1988 (Avena, 2020).

— 2.3 —
Tempestividade e interposição

A primeira observação que deve ser feita aqui é sobre o teor da Súmula n. 710 do STF (2017), segundo a qual, no processo penal, os prazos são contados da data da efetiva intimação, e não da juntada nos autos do mandado: "No processo penal, contam-se os prazos da data da intimação, e não da juntada aos autos do mandato ou da carta precatória ou de ordem".

A interposição pode ser realizada, via de regra, no prazo de cinco dias (Marcão, 2020). Quanto à forma, pode ocorrer mediante interposição por petição ou por termo – neste caso, **deve ser transcrito nos autos** (Pacelli, 2019).

A petição pode ser acompanhada das razões recursais, que devem ser apresentadas ainda no Juízo *a quo*. De qualquer forma, o prazo para apresentar as razões recursais é de dois dias contados da intimação para tal ato. Apresentadas, ou não, as razões recursais, os autos serão conclusos ao magistrado, que determinará a intimação do recorrido para que, no prazo de dois dias, **apresente suas contrarrazões** (Pacelli, 2019).

De acordo com o art. 587 do CPP, as partes precisam indicar as peças das quais devem ser extraídas cópias para a formação do instrumento. Conclusos ao magistrado, este indicará, na forma do art. 589 do CPP, os documentos que serão trasladados. Importante ressaltar que existem casos, previstos no art. 583, em que o recurso subirá nos próprios autos (Avena, 2020).

> Art. 583. Subirão nos próprios autos os recursos:
>
> I – quando interpostos de ofício;
>
> II – nos casos do art. 581, I, III, IV, VI, VIII e X;
>
> III – quando o recurso não prejudicar o andamento do processo.
>
> Parágrafo único. O recurso da pronúncia subirá em traslado, quando, havendo dois ou mais réus, qualquer deles se conformar com a decisão ou todos não tiverem sido ainda intimados da pronúncia.

Nessa toada, a regra a ser utilizada para saber se o Rese subirá nos próprios autos é a possibilidade de se interferir negativamente na marcha processual. Vale salientar que, com o advento do processo virtual, tal discussão perde parte de sua relevância.

A legitimidade é um requisito objetivo para a interposição de recurso, podendo ser interposto pelo Ministério Púbico, pela defesa, pelo querelante e pelo assistente de acusação (Lopes Júnior, 2021a).

Há de se apontar a não recepção do parágrafo único do art. 577 do CPP, segundo o qual o réu deve ser recolhido preso ou prestar fiança para interpor o Rese. Isso porque se trata de prisão processual, que era considerada obrigatória e, portanto, fere o princípio da presunção de inocência. Tal axioma vem positivado no art. 5º, inciso LVII, da CF/1988 e proíbe as prisões cautelares obrigatórias (Ruthes, 2014).

— 2.4 —
Efeitos

Uma vez oferecidas as razões e as contrarrazões, os autos serão novamente conclusos para o magistrado, que, na forma do art. 589 do CPP, pode exercer seu juízo de retratação. Esse é o denominado *efeito regressivo* (Pacelli, 2019). Ressaltamos que, uma vez que o juízo altere sua decisão, nasce para o recorrido a oportunidade de recorrer por mera petição. É óbvio que só será possível tal insurgência se a nova decisão também puder ser impugnada por essa via recursal (Lopes Júnior, 2021a).

Como exemplo, imaginemos que o Ministério Público oferece denúncia em face de Joãozinho. Ao analisar a peça exordial, o magistrado entende que inexiste justa causa. Dessa forma, ao teor do art. 395, inciso III, do CPP, rejeita a denúncia. O Ministério Púbico interpõe Rese, o recorrido oferece contrarrazões e o magistrado reconsidera a decisão recebendo a denúncia. Ora, nesse caso, embora haja gravame para o réu, o art. 581 do CPP não admite recurso para impugnar decisão que receba a peça acusatória. Dessarte, impossível interpor Rese. Todavia a decisão pode ser atacada por *habeas corpus* para trancamento do processo penal. Lembramos, à exaustão, que **habeas corpus não é recurso!**

Ainda no que tange ao efeito regressivo, destacamos que o magistrado pode exercer o juízo de retratação no processo apenas uma vez (Lopes Júnior, 2021a).

A interposição do recurso em apreço devolve a apreciação da matéria ao Poder Judiciário – em um primeiro momento, para o próprio órgão prolator e, em não havendo retratação, ao Tribunal *ad quem*. Portanto, há efeito devolutivo (Pacelli, 2019).

O efeito suspensivo está regulamentado no art. 584 do CPP, o qual se transcreve:

> Art. 584. Os recursos terão efeito suspensivo nos casos de perda da fiança, de concessão de livramento condicional e dos ns. XV, XVII e XXIV do art. 581.
>
> § 1º Ao recurso interposto de sentença de impronúncia ou no caso do no VIII do art. 581, aplicar-se-á o disposto nos arts. 596 e 598.
>
> § 2º O recurso da pronúncia suspenderá tão-somente o julgamento.
>
> § 3º O recurso do despacho que julgar quebrada a fiança suspenderá unicamente o efeito de perda da metade do seu valor.

No que concerne aos recursos interpostos em face de decisão que decrete a perda de fiança, o efeito suspensivo ocorre tão somente em razão da garantia, devendo o recorrente ser recolhido à prisão (Pacelli, 2019).

O recurso interposto para destrancar o recurso de apelação tem o condão de obstar a formação de coisa julgada, impedindo a aplicação da pena (Pacelli, 2019).

Quanto ao recurso interposto para questionar decisão de pronúncia, este tem efeito suspensivo e, na forma do art. 421 do CPP, obsta que haja a preparação para o tribunal do júri antes da preclusão das vias impugnativas (Lopes Júnior, 2021a). Nesse sentido:

> Art. 421. Preclusa a decisão de pronúncia, os autos serão encaminhados ao juiz presidente do Tribunal do Júri. (Redação dada pela Lei nº 11.689, de 2008)
>
> § 1º Ainda que preclusa a decisão de pronúncia, havendo circunstância superveniente que altere a classificação do crime, o juiz ordenará a remessa dos autos ao Ministério Público. (Incluído pela Lei nº 11.689, de 2008)
>
> § 2º Em seguida, os autos serão conclusos ao juiz para decisão.

Nessa quadra, os procedimentos para a realização da sessão plenária do Tribunal do Júri – que se iniciam a partir do art. 422 do CPP – não podem ser efetivados na pendência de julgamento de Rese, recurso especial ou extraordinário, se houver (Lopes Júnior, 2021a).

— 2.5 —
Peça processual

Vejamos, a seguir, os elementos que devem constar na peça processual de Rese.

— 2.5.1 —
Petição de interposição

A petição de interposição deve ser endereçada ao juiz que prolatou a decisão, não havendo qualquer impedimento acerca das razões estarem a ela anexas (Dezem et al., 2020). No corpo do texto da petição, é interessante que se demonstrem os requisitos processuais e, em especial, a tempestividade.

O pedido consiste no recebimento do recurso, em seu processamento, no exercício do juízo de retratação ao teor do art. 589 do CPP e, ao final, sendo mantida a decisão, na solicitação de que os autos sejam enviados ao Tribunal *ad quem* (Dezem et al., 2020).

— 2.5.2 —
Razões recursais

Como já consignado, no Rese, ao contrário da apelação criminal, as razões recursais não podem ser apresentadas perante o Tribunal *ad quem*; isso ocorre em razão da possibilidade de exercício do juízo de retratação. Por isso, o endereçamento da peça deve ser feito ao próprio juiz prolator da decisão guerreada (Ishida, 2015).

Noutro giro, parece ter maior razão Knippel (2019) ao lecionar que as razões devem ser endereçadas para o Tribunal que fará o julgamento do recurso. Com o devido respeito à posição anterior, a ora apresentada parece ser mais correta. Isso porque as razões buscam o provimento do recurso para alterar a decisão impugnada. O órgão jurisdicional que toma tal providência é o Tribunal, logo, os argumentos são a ele destinados.

Quanto às formas de elaboração do endereçamento, para evitar repetições desnecessárias e enfadonhas, remetemos o leitor para o modelo de endereçamento presente no Capítulo 1.

Dos fatos

A petição que contém as razões recursais deve ser dividida em três grandes tópicos: (1) fatos; (2) direito; e (3) pedido (Knippel, 2019).

No tópico atinente aos fatos, devem ser abordados todos os pontos que serão fundamentais para o desenvolvimento das teses de direito (Knippel,2019). Por exemplo, se o recurso visa destrancar o andamento de apelação e a decisão que denegou seguimento se deu por ter sido o apelo, em tese, interposto a destempo, nos fatos devem ficar evidenciadas as datas de intimação e de protocolo do recurso.

Do direito

Recomendamos que o tópico atinente ao direito seja dividido em três subtópicos: (1) preliminares; (2) do mérito; e (3) subsidiariamente (Knippel, 2019).

Dezem et al. (2020) explicam que as matérias de mérito devem estar estritamente relacionadas com o inciso que engendrou a interposição de recurso. Por exemplo, se o recurso for interposto com fundamento no art. 581, inciso I, do CPP, qual seja, a rejeição da peça acusatória, o recorrente deve demonstrar que se encontram presentes todas as condições da ação (tipicidade aparente, punibilidade em concreto, justa causa e legitimidade), bem como os requisitos contidos no art. 41 do CPP.

As teses atinentes à matéria preliminar terão maior ligação com os recursos que visam impugnar decisão de pronúncia. Isso porque, para esse caso, o recurso tem fundamentação livre e pode/deve trazer matérias atinentes às nulidades. Da mesma forma, teses subsidiárias, como o afastamento de qualificadoras da pronúncia, devem ser aqui arguidas (Dezem et al., 2020).

Do pedido

O pedido formulado nas razões recursais no Rese consiste em seu conhecimento e provimento para fins de reformar a decisão, repetindo-se a tese levantada em seu bojo (Knippel, 2019).

Aproveitando o exemplo citado, o pedido seria o seguinte: "Ante o exposto, requer-se que o presente recurso seja conhecido para fins de reformar da decisão impugnada e, consequentemente, seja a peça acusatória recebida para todos os seus fins".

— 2.6 —
Modelos

Enunciado

Em data de 15 de setembro de 2018, Cláudio de Oliveira, brasileiro, casado, policial federal, residente e domiciliado em São Paulo, foi denunciado, pelo Ministério Público do Estado de Pernambuco, à Vara do Tribunal do Júri do Recife, por ter, em tese, praticado o crime de homicídio contra Luciano de Bem. A denúncia foi aceita e, de acordo com o depoimento de três comissários de bordo, o réu desferiu um tiro na cabeça da vítima que com um instrumento pontiagudo ameaçava um comissário para ter acesso à cabine do comandante do voo. O avião encontrava-se em voo e havia fundado receio que a vítima pudesse derrubá-lo. Outros dois passageiros, que se sentaram ao lado da vítima, afirmaram que esta por diversas vezes reclamou da vida e disse que pensava em cometer suicídio. A primeira fase ocorreu perante a Justiça Estadual. Apresentadas as alegações das partes, o magistrado proferiu decisão no seguinte sentido: "Da análise dos autos, verifico a materialidade da conduta delitiva e indícios suficientes de autoria. Por mais que haja testemunhas que deem suporte à tese defensiva da legítima defesa, entendo que a competência constitucional para o julgamento do caso penal é do Tribunal do Júri. Dessarte, pronuncio o acusado para se ver julgado pelo Plenário do Tribunal do Júri pela prática, em tese, do crime tipificado no art. 121 do Código Penal. Intimem-se as partes. Findo o prazo recursal, encaminhem-se os autos ao Juiz Presidente do Plenário do Júri". Você foi intimado no dia 20 de novembro de 2020 (sexta-feira). Na condição de advogado do acusado, apresente o recurso cabível.

Modelo de petição de interposição

EXCELENTÍSSIMO SENHOR DOUTOR JUIZ DE DIREITO DA VARA DO TRIBUNAL DO JÚRI DA COMARCA DO RECIFE – ESTADO DE PERNAMBUCO

Autos n. _____

Recorrente: Cláudio de Oliveira

Recorrido: Ministério Público de Pernambuco

CLÁUDIO DE OLIVEIRA, já devidamente qualificado nos autos em epígrafe, vem com o devido respeito, por meio de seu advogado que esta subscreve, à presença de Vossa Excelência, irresignado com respeitável decisão e com fulcro no art. 581, inciso IV, do Código de Processo Penal interpor:

RECURSO EM SENTIDO ESTRITO

com razões já inclusas, requerendo, desde logo, o recebimento do recurso, pois tempestivo, o seu processamento e, na forma do art. 589 do Código de Processo Penal, o exercício do juízo de retratação.

Em não havendo retratação, requer-se a remessa dos autos à instância superior para o seu provimento.

Nestes termos,
pede deferimento.
Recife, 27 de novembro de 2021.
ADVOGADO
OAB/XX n. XXXXX

Modelo de razões recursais

Autos n. _____
Recorrente: Cláudio de Oliveira
Recorrido: Ministério Público de Pernambuco

Egrégio Tribunal de Justiça do Estado de Pernambuco
Eminente Desembargador Relator
Doutos Julgadores

CLÁUDIO DE OLIVEIRA, já devidamente qualificado nos autos em epígrafe, inconformado com decisão de pronúncia prolatada pelo juízo *a quo*, vem, respeitosamente, à presença de Vossas Excelências apresentar:

RAZÕES DE RECURSO EM SENTIDO ESTRITO
o que passa a fazer pautado nas seguintes razões de fato e de direito.

I – DOS FATOS

O Ministério Público do Estado de Pernambuco ofereceu denúncia em face do recorrente por ter cometido, em tese, crime de homicídio simples a bordo de uma aeronave durante o voo.

O processo tramitou perante a Justiça Estadual. Durante a audiência de instrução, três testemunhas que exercem a função de comissário de bordo afirmaram que o recorrente efetuou um disparo de arma fogo para defender um tripulante que estava sendo ameaçado.

Na mesma esteira, dois passageiros afirmam que presenciaram a vítima comentando que estava pensando em suicídio.

As partes apresentaram alegações e, ao final, com fundamento no art. 415 do Código de Processo Penal, pronunciou-se o recorrente. Com o devido respeito, a decisão merece ser reformada.

II – DO DIREITO

a) Preliminarmente – Da incompetência absoluta

O art. 109, inciso IX, da Constituição Federal preconiza que será competência da Justiça Federal o processamento dos crimes cometidos a bordo de navios e aeronaves, ressalvando-se a competência da Justiça Militar.

No caso em tela, está a se discutir o cometimento, em tese, de um homicídio a bordo de uma aeronave em pleno voo. Dessarte, com o devido respeito, o presente processo não poderia estar tramitando na Justiça Estadual.

Do exposto, conclui-se pela incompetência absoluta do juízo processante, devendo os autos serem encaminhados para o juiz natural da causa.

b) Mérito – Da legítima defesa

Na improvável hipótese de não acolhimento da tese acima exposta, o que se admite tão somente por amor ao argumento, há de se adentrar no mérito do caso penal, afirmando-se, desde logo, que se está diante de um caso de absolvição sumária.

O art. 25 do Código Penal estabelece que age em legítima defesa aquele que, para repelir injusta agressão, utiliza-se dos meios moderados para atingir bem jurídico alheio. Exclui-se, portanto, a ilicitude da conduta, não havendo de se falar em crime cometido.

Colhe-se das provas testemunhais que o recorrente desferiu um tiro na vítima para salvar a vida de um comissário de bordo que estava sendo ameaçado com objeto pontiagudo. Da oitiva das testemunhas que estavam viajando na aeronave, pode-se inferir que a vítima tinha intenções suicidas, colocando, dessa forma, em risco a integridade da aeronave e a vida de todos os passageiros.

O art. 415, inciso III, do Código de Processo Penal preconiza que o réu deverá ser absolvido sumariamente quando restar provado que o fato não constitua infração penal. Conforme já demonstrado acima, apesar de haver indícios de autoria, materialidade e tipicidade, carece-lhe a ilicitude. Deve, portanto, o recorrente ser absolvido.

III – DO PEDIDO

Face ao exposto requer-se o conhecimento do presente recurso e, no mérito, o seu provimento para fins de:

a. Declarar a incompetência absoluta da Justiça Estadual encaminhando-se os autos para a Justiça Federal.
b. Em não sendo atendido o primeiro pleito, em homenagem ao princípio da eventualidade, que a decisão de pronúncia seja reformada para fins de absolver sumariamente o recorrente ao teor do art. 415, inciso III, do Código de Processo Penal.

Nestes termos,
pede deferimento.
Recife, 27 de novembro de 2020.
ADVOGADO
OAB/XX n. XXXXX

Capítulo 3

Agravo em execução

De início, cumpre rememorar alguns dos principais conceitos da execução penal. Realizaremos uma abordagem sumária, pois a relevância de tal assunto é tamanha que é tratado por meio de livros específicos.

A execução penal inicia-se após o trânsito em julgado de decisão condenatória, ocasião em que é expedida pelo escrivão e pelo juiz do processo de conhecimento a Guia de Recolhimento do Condenado. O regime inicial é fixado em sentença (Nucci, 2020).

De acordo com a Súmula n. 716 do Supremo Tribunal Federal (STF), é possível a execução provisória da pena. Insta mencionar que não se trata do recolhimento do condenado na pendência de recurso especial ou extraordinário, como outrora admitia o Pretório Excelso, mas de deferimento de benefícios ao preso provisório na pendência de recurso exclusivamente da defesa.

Isso ocorre em razão de que o *quantum* da pena não pode mais ser aumentado, não havendo razão para que sejam negadas progressões de regime ao condenado provisório.

Passando à revisão dos institutos, a **progressão de regime prisional**, que consiste na transferência de um regime mais gravoso para um menos gravoso (Bitencourt, 2020), pauta-se em dois critérios: um objetivo e outro subjetivo. Este diz respeito ao mérito do apenado, e aquele, a intervalos de tempo de cumprimento de pena que variam de acordo com a gravidade do delito e a primariedade e os bons antecedentes do reeducando no momento do cometimento do ato.

É verdade que, desde 1984, os limites temporais para a obtenção da progressão de regime foram alterados. Na redação inicial, para os crimes comuns, o apenado deveria cumprir um sexto da pena (Nucci, 2020).

Já para os crimes hediondos, a Lei n. 8.072/1991 previa, inicialmente, a impossibilidade de progressão de regime. Posteriormente, o STF, com base no princípio da individualização da pena, declarou inconstitucional tal dispositivo legal. Em 2007, foi promulgada lei que fixou o prazo de 2/5 (dois quintos) para progressão para condenados primários e de 3/5 (três quintos) para reincidentes (Nucci, 2020).

Fato é que, em 2019, com o Pacote Anticrime[1] – Lei n. 13.964, de 24 de dezembro de 2019 –, toda a matéria passou a ser regulamentada pelo art. 112 da Lei de Execuções Penais – Lei n. 7.210, de 11 de julho de 1984, conforme segue:

> Art. 112. A pena privativa de liberdade será executada em forma progressiva com a transferência para regime menos rigoroso, a ser determinada pelo juiz, quando o preso tiver cumprido ao menos:

---

[1] Nesse sentido, é imperioso concordar com as críticas tecidas por Bitencourt (2020) quando afirma que a Lei n. 13.964/2019 representa um retrocesso de dois séculos no sistema pátrio no que tange ao sistema progressivo da pena, que quase foi abolido. Isso porque, partindo da premissa do art. 1º da Lei de Execuções Penais, a finalidade da sanção penal é a reintegração do preso à sociedade. Dessa forma, passar pelos regimes penitenciários e pela gradativa reconquista da liberdade é essencial para cumprir os fins da sanção criminal. Além disso, não podemos deslembrar das características medievais do sistema carcerário brasileiro, com presos reduzidos a condições desumanas pela superlotação. Fazer com que os apenados fiquem mais tempo nas prisões em regime fechado agravará tal situação. Por fim, não há qualquer prova acerca da correlação entre o tempo da sanção criminal e a diminuição na criminalidade.

I – 16% (dezesseis por cento) da pena, se o apenado for primário e o crime tiver sido cometido sem violência à pessoa ou grave ameaça;

II – 20% (vinte por cento) da pena, se o apenado for reincidente em crime cometido sem violência à pessoa ou grave ameaça;

III – 25% (vinte e cinco por cento) da pena, se o apenado for primário e o crime tiver sido cometido com violência à pessoa ou grave ameaça;

IV – 30% (trinta por cento) da pena, se o apenado for reincidente em crime cometido com violência à pessoa ou grave ameaça;

V – 40% (quarenta por cento) da pena, se o apenado for condenado pela prática de crime hediondo ou equiparado, se for primário;

VI – 50% (cinquenta por cento) da pena, se o apenado for:

a) condenado pela prática de crime hediondo ou equiparado, com resultado morte, se for primário, vedado o livramento condicional;

b) condenado por exercer o comando, individual ou coletivo, de organização criminosa estruturada para a prática de crime hediondo ou equiparado; ou

c) condenado pela prática do crime de constituição de milícia privada;

VII – 60% (sessenta por cento) da pena, se o apenado for reincidente na prática de crime hediondo ou equiparado;

VIII – 70% (setenta por cento) da pena, se o apenado for reincidente em crime hediondo ou equiparado com resultado morte, vedado o livramento condicional.

O mérito do apenado é comprovado por meio de atestado de bom comportamento carcerário e, quando se tratar de crime cometido com grave ameaça ou violência à pessoa, o juiz da execução poderá exigir exame criminológico (Nucci, 2020).

Nesse mesmo sentido é o entendimento do STF (2020) quando enfrenta a matéria de progressão de regime em crimes hediondos, conforme a Súmula Vinculante n. 26:

> Para efeito de progressão de regime no cumprimento de pena por crime hediondo, ou equiparado, o juízo da execução observará a inconstitucionalidade do art. 2º da Lei n. 8.072, de 25 de julho de 1990, sem prejuízo de avaliar se o condenado preenche, ou não, os requisitos objetivos e subjetivos do benefício, podendo determinar, para tal fim, de modo fundamentado, a realização de exame criminológico.

Portanto, não há qualquer ilegalidade na exigência fundamentada de elaboração e exame criminológico.

A **regressão de regime** é a transferência de regime menos gravoso para o mais gravoso. Na forma do art. 118 da Lei de Execuções Penais, ao contrário da progressão, a regressão pode ser feita em saltos (Bitencourt, 2020). Em outras palavras, pode um reeducando que esteja cumprindo sua pena em regime aberto regredir diretamente para o regime fechado.

Utiliza-se a regressão quando o apenado cometer falta grave. Estas estão previstas no art. 50 da Lei n. 7.210/1984, o qual colacionamos a seguir:

> Art. 50. Comete falta grave o condenado à pena privativa de liberdade que:
>
> I – incitar ou participar de movimento para subverter a ordem ou a disciplina;
>
> II – fugir;
>
> III – possuir, indevidamente, instrumento capaz de ofender a integridade física de outrem;
>
> IV – provocar acidente de trabalho;
>
> V – descumprir, no regime aberto, as condições impostas;
>
> VI – inobservar os deveres previstos nos incisos II e V, do artigo 39, desta Lei.
>
> VII – tiver em sua posse, utilizar ou fornecer aparelho telefônico, de rádio ou similar, que permita a comunicação com outros presos ou com o ambiente externo.
>
> VIII – recusar submeter-se ao procedimento de identificação do perfil genético.
>
> Parágrafo único. O disposto neste artigo aplica-se, no que couber, ao preso provisório.

Também pode haver regressão de regime quando o apenado cometer crime doloso. Há de se notar que, nesse caso, não é necessário aguardar o trânsito em julgado de decisão penal condenatória, pois se trata de sanção disciplinar, e não imposição de nova pena (Nucci, 2020).

No mesmo sentido o não pagamento de multa cumulativa imposta em sentença condenatória, por parte de apenado que tenha condições de o fazer, pode ensejar a regressão de regime. No caso em apreço, não há de se falar em qualquer inconstitucionalidade, pois não se trata de prisão por dívida, mas de elemento próprio da execução da pena (Nucci, 2020).

O art. 118, inciso II, da Lei de Execuções Penais preconiza que, em caso de nova condenação à pena privativa de liberdade, se a soma da pena restante com a nova imposta não permitir que o apenado siga em regime mais brando, deve haver a regressão (Nucci, 2020).

Excluindo-se os casos que se amoldam no art. 118, inciso II, da Lei n. 7.210/1984, deve o magistrado, obrigatoriamente, ouvir a defesa antes de prolatar sua decisão. Entretanto, se a regressão for medida que se mostra urgente, nada impede que seja suspenso cautelarmente o regime atual de cumprimento de pena (Nucci, 2020).

A **detração penal** consiste no abatimento do tempo cumprido em prisão provisória, ou seja, antes da sentença condenatória, do tempo de pena a cumprir. Atualmente, na forma do art. 387, parágrafo 2º, do Código de Processo Penal (CPP) – Decreto-Lei n. 3.689, de 3 de outubro de 1941, esse lapso temporal é contabilizado na própria sentença condenatória. Dessa forma, via de regra, a decisão sobre o instituto em tela é do juiz da condenação e deve ser levada a efeito, inclusive, para determinar o regime inicial. Todavia, o juiz da execução atrai a competência para decidir sobre a detração do período compreendido entre a prolação da sentença condenatória e o início da execução (Bitencourt, 2020).

A **remição** é o resgate de parte do tempo da pena que ocorre pelo estudo ou pelo trabalho. Como se vê, o vocábulo aqui empregado não guarda relação com a ideia de perdão ou *remissão* (Bittencourt, 2020).

Prevista no art. 126 da Lei de Execuções Penais, a remição pelo trabalho só é aplicável aos presos que estejam cumprindo pena em regime fechado ou semiaberto; já a remição pelo estudo também é cabível para apenados que estejam cumprindo sanção criminal em regime aberto (Nucci, 2020).

Para cada 12 horas de estudos, diminui-se 1 dia de cumprimento de pena; já para cada 3 dias trabalhados, desconta-se 1 dia de pena. Importante consignar que podem ser remidos dias em razão das duas causas concomitantemente, desde que os horários não sejam coincidentes (Bitencourt, 2020).

Por fim, o **livramento condicional** é a antecipação da liberdade do preso mediante o preenchimento de alguns requisitos previstos no Código Penal (CP) – Decreto-Lei n. 2.848, de 7 de dezembro de 1940. Nesse sentido, o apenado deve ter cumprido mais de 1/3 (um terço) da pena, se não for reincidente em crime doloso e tiver bons antecedentes. Caso o condenado seja reincidente em crime doloso, deve cumprir mais da metade da pena.

Por fim, sendo o apenado condenado por crime hediondo, prática de tortura, tráfico ilícito de drogas, tráfico de pessoas e terrorismo, deve cumprir 2/3 (dois terços) da pena. Para fazer jus ao benefício do livramento condicional, deve, ainda, o condenado ostentar bom comportamento, além de ter reparado o dano, caso haja condições (Nucci, 2020).

Feito esse breve resumo sobre o tema, passamos ao estudo dos elementos atinentes ao recurso agravo em execução.

— 3.1 —
Cabimento

Após o trânsito em julgado de sentença condenatória, o Estado exercerá seu poder de penar. Isso acontece por meio de um conjunto de atos processuais praticados na Vara de Execuções Penais e com a garantia da observância do devido processo legal. Tal garantia envolve, por óbvio, o duplo grau de jurisdição (Lopes Júnior, 2021a). Nessa mesma linha, é correto afirmar que existe clara separação entre o processo de conhecimento e o de execução na esfera criminal (Dezem et al., 2020).

O processo de execução inicia-se com a expedição de Guia de Recolhimento por parte do juízo processante, a qual é encaminhada para o juízo da execução. Para dar cumprimento ao teor da Súmula n. 716 do STF[2], quando o acusado estiver preso caute-

---

2 "Admite-se a progressão de regime de cumprimento da pena ou a aplicação imediata de regime menos severo nela determinada, antes do trânsito em julgado da sentença condenatória" (STF, Súmula n. 716).

larmente e houver pendência de recurso exclusivamente defensivo, será emitida Guia de Recolhimento Provisório (Nucci, 2020).

Outro ponto interessante é que, mesmo que o condenado tenha sido processado e julgado pela Justiça Federal, se estiver a cumprir sua pena em estabelecimento estadual, o juízo competente para processar a execução será o da Vara de Execuções Penais da Justiça Estadual (Dezem et al., 2020).

No que tange aos recursos cabíveis na execução, o art. 197 da Lei de Execuções Penais prevê a possibilidade de interposição de agravo em execução (Lima, 2020).

Já as decisões que são tomadas em sede de execução criminal vêm estampadas no art. 66 da mesma lei (Lima, 2020):

> Art. 66. Compete ao Juiz da execução:
>
> I – aplicar aos casos julgados lei posterior que de qualquer modo favorecer o condenado;
>
> II – declarar extinta a punibilidade;
>
> III – decidir sobre:
>
> a) soma ou unificação de penas;
>
> b) progressão ou regressão nos regimes;
>
> c) detração e remição da pena;
>
> d) suspensão condicional da pena;
>
> e) livramento condicional;
>
> f) incidentes da execução.
>
> IV – autorizar saídas temporárias;

V – determinar:

a) a forma de cumprimento da pena restritiva de direitos e fiscalizar sua execução;

b) a conversão da pena restritiva de direitos e de multa em privativa de liberdade;

c) a conversão da pena privativa de liberdade em restritiva de direitos;

d) a aplicação da medida de segurança, bem como a substituição da pena por medida de segurança;

e) a revogação da medida de segurança;

f) a desinternação e o restabelecimento da situação anterior;

g) o cumprimento de pena ou medida de segurança em outra comarca;

h) a remoção do condenado na hipótese prevista no § 1º, do artigo 86, desta Lei.

i) VETADO;

VI – zelar pelo correto cumprimento da pena e da medida de segurança;

VII – inspecionar, mensalmente, os estabelecimentos penais, tomando providências para o adequado funcionamento e promovendo, quando for o caso, a apuração de responsabilidade;

VIII – interditar, no todo ou em parte, estabelecimento penal que estiver funcionando em condições inadequadas ou com infringência aos dispositivos desta Lei;

IX – compor e instalar o Conselho da Comunidade;

X – emitir anualmente atestado de pena a cumprir.

Salientamos que as decisões se referem a incidentes da execução e benefícios, os quais já foram tratados no início deste capítulo. Merece, contudo, especial atenção o dispositivo do inciso I, eis que, havendo nova lei penal mais benéfica ao condenado, cabe ao juiz da execução aplicá-la. Esse assunto já foi objeto de questões dissertativas no Exame de Ordem.

Nesse mesmo sentido é o entendimento do STF, que editou a Súmula n. 611: "Transitada em julgado a sentença condenatória, compete ao Juízo das execuções a aplicação de lei mais benigna".

Os incidentes na execução penal são decididos por via de decisões interlocutórias. Nessa toada, é correta a opção do legislador na escolha do recurso cabível.

— 3.2 —

Efeitos

Quanto aos efeitos, na forma do art. 589 do CPP, existe o efeito regressivo. Em outras palavras, o juiz da Vara de Execuções Penais pode retratar-se de sua decisão. Nesse caso, há a inversão do gravame, e o prejudicado **sempre** pode recorrer mediante simples petição (Avena, 2020).

Obrigatoriamente, está presente o efeito devolutivo, pois a matéria é devolvida para a apreciação do Poder Judiciário (Avena, 2020).

Questão interessante é a incidência, ou não, do efeito suspensivo. Via de regra, só há efeito suspensivo quando a decisão for de desinternação de pessoa que estiver submetida à medida de segurança (Marcão, 2020). Alguns tribunais aceitavam a impetração de mandado de segurança para que fosse garantido efeito suspensivo quando houvesse necessidade. Todavia, o Superior Tribunal de Justiça (STJ) entende que é incabível, uma vez que inexiste direito líquido e certo a ser tutelado pelo *writ*. Dessa forma, é possível, desde que haja flagrante ilegalidade na decisão, que se postule efeito suspensivo do recurso diretamente ao seu relator no tribunal (Avena, 2020).

Noutro giro, Lopes Júnior (2021a) entende que, se o recurso for defensivo, será possível a impetração, simultaneamente ao agravo, de *habeas corpus*. O autor fundamenta sua posição na urgência em se tutelar a liberdade, mesmo que do apenado, e na demora de tramitação dos recursos nos tribunais. Adverte que eventual não conhecimento do remédio constitucional para se atribuir efeito suspensivo ao agravo se deve a injustificável formalismo e à ignorância que os tribunais parecem ter a respeito das características medievais do sistema carcerário brasileiro.

Não há como discordar do acerto da posição ora consignada, até porque eventual coação ilegal pode ser reconhecida de ofício pelos magistrados.

— 3.3 —
Tempestividade e interposição

O agravo em execução é o único recurso previsto na Lei de Execuções Penais, que nada dispõe sobre o rito a ser seguido (Marcão, 2020). A partir de então, travou-se discussão doutrinária para se saber qual o procedimento a ser seguido.

Parte da doutrina entendia que o presente recurso deveria seguir o rito do agravo de instrumento, previsto no antigo Código de Processo Civil (CPC). Sustentavam tal posição em razão da denominação do recurso em exame e pelo fato de que tramitava perante o Poder Legislativo projeto de novo CPP, que previa o recurso de agravo de instrumento (Pacelli, 2019).

Em sentido contrário, havia corrente que, pautada no art. 2º da Lei de Execuções Penais, afirmava que deveria ser seguido o rito do recurso em sentido estrito. Ademais, a demora que se poderia gerar pela observância das regras de processo civil seria incompatível com celeridade que as decisões proferidas em sede de execução penal reclamam. Citamos como exemplo o juízo de retratação (Pacelli, 2019).

A celeuma jurídica foi pacificada pelo STF por meio da Súmula n. 700: "É de cinco dias o prazo para interposição de agravo contra decisão do juiz da execução penal". Utiliza-se, portanto, o procedimento constante nos arts. 581 a 592 do CPP (Lima, 2020).

Como está consignado na súmula, o prazo para interposição é de 5 dias. Esta deve ser feita perante o juiz *a quo* e pode ser realizada por petição ou por termo nos autos. A petição de interposição já pode vir acompanhada das razões do inconformismo (Marcão, 2020).

As razões e as contrarrazões são apresentadas em até 2 dias, contados da data da intimação para tal ato processual (Avena, 2020). Vale ressaltar que a tempestividade na interposição do recurso é verificada pela data da interposição. A apresentação de razões ou contrarrazões fora do prazo consiste em mera irregularidade processual, não obstando seu conhecimento (Lopes Júnior, 2021a).

Caso o defensor do apenado não apresente razões ou contrarrazões, deve o magistrado intimá-lo para constituir novo advogado. Se ainda restar inerte, deve ser nomeado defensor dativo ou devem ser encaminhados os autos à Defensoria Pública (Marcão, 2020).

Vale asseverar que o recurso subirá por instrumento, por isso o recorrente e o recorrido devem indicar as peças que pretendam que sejam enviadas para o tribunal. Algumas são obrigatórias e estão listadas no art. 587 do CPP. O magistrado também pode indicar peças que entenda necessárias (Lopes Júnior, 2021a).

São legítimos para interpor o agravo em execução o Ministério Público, o apenado, seu cônjuge, ascendente ou descendente[13]. A legitimidade ampla se verifica em razão da relevância inerente ao processo de execução (Pacelli, 2019).

---

3   Lei n. 7.210/1984: "Art. 195. O procedimento judicial iniciar-se-á de ofício, a requerimento do Ministério Público, do interessado, de quem o represente, de seu cônjuge, parente ou descendente, mediante proposta do Conselho Penitenciário, ou, ainda, da autoridade administrativa".

— 3.4 —
Peça processual

Vejamos, a seguir, os elementos que devem constar na peça processual de agravo em execução.

— 3.4.1 —
Peça de interposição

Como visto, a petição de interposição deve ser endereçada ao juiz da Execução, ou seja, ao órgão que prolatou a decisão que será impugnada. A fundamentação do recurso está prevista no art. 197 da Lei n. 7.210/1984 (Knippel, 2019).

No caso de provas e exames, deve o candidato qualificar o recorrente e, se este for o apenado, indicar onde está cumprindo a pena. Na prática, utiliza-se o termo "já devidamente qualificado nos autos em epígrafe".

Por fim, deve requerer-se o recebimento e o processamento do recurso com o exercício do juízo de retratação, e, em caso de não exercício deste, que os autos sejam encaminhados ao Tribunal *ad quem* (Dezem et al., 2020).

Ao final, deve constar o nome e a assinatura do advogado, do defensor público ou do membro do Ministério Público que subscrever a peça. Com relação aos exames e às provas, é importante que se lance a data, pois, em regra, solicita-se que o recurso seja oferecido no último dia do prazo.

— 3.4.2 —
Razões recursais

As razões são divididas em fatos, direito e pedido. O recurso deve ser endereçado ao tribunal de segundo grau. Caso o condenado esteja cumprindo sua pena em presídio estadual, o recurso deve ser dirigido ao Tribunal de Justiça do respectivo estado da federação. Em se tratando de presídio federal, a peça deve ser encaminhada ao Tribunal Regional Federal (Knippel, 2019).

Dos fatos

No tópico dos fatos, deve ser feito um resumo claro dos acontecimentos mais relevantes que dão ensejo ao recurso. Supondo que o recurso vise impugnar uma decisão que indeferir a progressão de regime, é recomendável que estejam consignados nos fatos: (a) o crime cometido; (b) a data do cometimento; (c) a data do trânsito em julgado da sentença condenatória; (d) o período de pena cumprida; (e) o bom comportamento carcerário e os motivos da negativa do pleito.

A redação deve ser lógica, coesa e objetiva.

Do direito

No tópico atinente à fundamentação jurídica, é preciso indicar os argumentos pelos quais a decisão recorrida deve ser modificada. Dessa forma, deve-se demonstrar o acerto da pretensão que fora negada pelo juízo singular (Knippel, 2019).

Retomando o exemplo dado, deve o recorrente abordar os requisitos para a concessão da progressão de regime e indicar, com base nos fatos descritos, que o apenado tem direito ao benefício.

Uma forma interessante de organizar a escrita é, primeiramente, descrever o argumento de direito. Em seguida, cotejar os fatos aos argumentos jurídicos chegando-se à conclusão de que a decisão deve ser reformada.

Do pedido

No item referente aos pedidos, deve ser requerido o conhecimento e o provimento do recurso para fins de [indicar o objetivo] (Dezem et al., 2020).

No exemplo da progressão de regime, o pedido seria o conhecimento e o provimento do recurso de agravo para fins de reformar a decisão impugnada determinando a progressão de regime do apenado.

O recurso se encerra com pedido de deferimento, a data e a assinatura do recorrente.

— 3.5 —
Modelos

Enunciado

Vanderson de Tal foi condenado definitivamente à pena de 5 (cinco) anos de reclusão, em regime inicial semiaberto, pela prática do crime de tráfico de drogas. O crime foi cometido em **12/02/2015**, e a sentença transitou em julgado em **15/03/2018**. A execução da pena se iniciou em **16/03/2018**. Durante todo o período que esteve no semiaberto, o apenado ostentou bom comportamento carcerário. Em **20/06/2020**, foi requerido o benefício da progressão de regime para o aberto. Foi acostado aos autos atestado de bom comportamento carcerário, exame criminológico opinando pela possibilidade da concessão do benefício, juntando-se, ainda, comprovante de matrícula em curso técnico em mecânica. O Ministério Público se manifestou pela concessão. Em data de **15/09/2020**, você, na qualidade de advogado de Vanderson, é intimado da seguinte decisão prolatada pelo Juiz da Vara de Execuções Penais de Salvador, onde seu cliente cumpre a pena: "Trata-se de pedido de progressão de regime formulado pelo reeducando acima consignado. Juntou atestado de bom comportamento carcerário, exame criminológico e resta comprovado o cumprimento de dois quintos da pena. Pareceres pelo deferimento do benefício. É o relatório. Decido. Apesar de já ter cumprido parcela mínima da pena e de ostentar bom comportamento carcerário, não há nos autos prova de que o postulante exercera trabalho lícito fora do cárcere (Proposta de Contrato de Trabalho, CTPS etc.), razão pela qual, **indefiro** o pedido. Intimem-se. Salvador, data e hora de inclusão no sistema". Na condição de advogado do apenado, apresente a peça processual cabível, a exceção de *habeas corpus*, indicando o último dia do prazo para sua apresentação.

Modelo de petição de interposição

EXCELENTÍSSIMO SENHOR DOUTOR JUIZ DE DIREITO DA VARA DE EXECUÇÕES PENAIS DE SALVADOR – BAHIA

Autos n. _____

Agravante: Vanderson de Tal

Agravado: Ministério Público do Estado da Bahia

Vanderson de Tal, já devidamente qualificado nestes autos de execução penal, vem, por meio de seu advogado que esta subscreve, respeitosamente à presença de Vossa Excelência, com fundamento no artigo 197 da Lei de Execuções Penais, com o devido respeito, interpor:

AGRAVO EM EXECUÇÃO

Com razões inclusas a este petitório, requerendo o seu recebimento e regular processamento, além do exercício do juízo de retratação.

Em caso de manutenção da decisão impugnada, requer-se sejam os autos encaminhados ao Egrégio Tribunal de Justiça da Bahia.

Nestes termos,
pede deferimento.
Salvador, 21 de setembro de 2020.
ADVOGADO
OAB/XX n. XXXXX

Modelo de razões recursais

Autos:
Agravante: Vanilson de Tal
Agravado: Ministério Público da Bahia

Egrégio Tribunal de Justiça da Bahia
Eminente Desembargador Relator
Doutos Julgadores

VANDERSON DE TAL, já devidamente qualificado nos presentes autos, vem com o devido respeito, com fundamento no art. 197 da Lei de Execuções Penais, apresentar **RAZÕES RECURSAIS**, o que passa a ser pautado nas seguintes razões de fato e de direito.

I – DOS FATOS

O agravante foi condenado definitivamente à pena de 5 (cinco) anos de reclusão, em regime inicial semiaberto, pela prática do crime de tráfico de drogas. A execução da pena privativa de liberdade teve início em 16 de março de 2018.

Em 20 de junho de 2020, foi requerido progressão para o regime aberto. O pleito foi instruído com atestado de bom comportamento carcerário e laudos opinando pelo deferimento do pedido. Juntou comprovante de matrícula em curso técnico em mecânica, o que demonstra sua empregabilidade. Restou também comprovado o cumprimento do tempo mínimo de pena no regime anterior.

O Ministério Público Estadual se manifestou pelo acolhimento do pedido. Todavia, o juízo de execuções penais o indeferiu por não restar comprovada a ocupação lícita do Agravante. Cumpre asseverar que esta foi a única motivação para se negar o requerido.

Em data de 15 de setembro de 2020, as partes foram intimadas e, irresignado, o autor interpôs o presente Agravo.

II – DO DIREITO

O art. 113 da Lei de Execuções Penais preconiza que o ingresso no regime aberto pressupõe o aceite das condições para tal. Já o art. 114 da mesma lei estabelece que somente poderá entrar no regime aberto aquele que estiver trabalhando ou possa fazê-lo imediatamente.

Da mesma forma, o art. 33 do Código Penal prevê que o condenado deverá trabalhar ou estudar quando estiver cumprindo pena no regime em comento. Pois bem, tal exigência deve ser lida com vistas ao princípio da razoabilidade, eis que, dadas as condições do mercado de trabalho, basta que o apenado tenha condições de exercer ocupação lícita em prazo razoável.

Verifica-se, da análise dos autos, que o Agravante juntou comprovante de matrícula em curso técnico em mecânica, o que lhe garante a empregabilidade, ou seja, condições de exercer ocupação lícita em prazo razoável de tempo. Dessa maneira, comprova, ainda, que estudará quando estiver no regime aberto.

Dessa forma, evidencia que o recorrente tem direito ao benefício pleiteado e, por conseguinte, o equívoco na decisão impugnada merecendo sua reforma.

III – DO PEDIDO

Ante ao exposto, requer-se que o presente Agravo seja conhecido e provido para fins de reformar a respeitável decisão impugnada, determinando a progressão de regime do Agravante.

Nestes termos,
pede deferimento.
Salvador, 21 de setembro de 2020.
ADVOGADO
OAB/XX n. XXXXX

Capítulo 4

Revisão criminal

A Constituição Federal (CF) de 1988 consagra diversos valores em seu texto, entre eles o da segurança jurídica, que é fundamento para a coisa julgada, e o da justiça. Em casos excepcionais, há de se fazer a ponderação desses valores para que a segurança jurídica não obste a realização da justiça. Um desses casos está expressamente previsto no Código de Processo Penal (CPP) – Decreto-Lei n. 3.689, de 3 de outubro de 1941 –, qual seja, a revisão criminal (Pacelli, 2019).

A possibilidade de um juízo sobre decisão condenatória já transitada em julgado se verifica em virtude da falibilidade humana e, portanto, das decisões judiciais. Contempla, portanto, a dignidade da pessoa humana (Marcão, 2020).

Entendemos, aqui, que a dignidade da pessoa humana é um fim em si mesmo (Kant, 2007). Dessa forma, não há, no Estado Democrático de Direito, como se afiançar o cumprimento de pena por um inocente visando preservar os efeitos da coisa julgada em processo injusto.

Apesar de alguns doutrinadores entenderem que a revisão criminal se trata de recurso, a corrente dominante a classifica como ação de impugnação autônoma, que visa rescindir decisão condenatória transitada em julgado (Lopes Júnior, 2021a). Parece mais acertada a última posição, eis que os recursos devem ser interpostos/opostos no mesmo processo, e a revisão criminal pressupõe o fim do feito de conhecimento com a imutabilidade da decisão.

— 4.1 —
Cabimento

Antes de se adentrar nas hipóteses de manejo da revisão criminal, é importante trazer discussão doutrinária acerca da possibilidade de novo juízo sobre decisões proferidas pelo Tribunal do Júri. No Capítulo 1, destacamos que a decisão proferida pelo Conselho de Sentença não pode ser alterada pelos tribunais de segundo grau em razão da soberania dos vereditos.

Noutro giro, não podemos esquecer que o processamento dos casos penais atinentes a crimes dolosos contra a vida e conexos pelo Tribunal do Júri é garantia constitucional do imputado e, por isso, merece uma hermenêutica adequada (Pacelli, 2019).

Há três posições acerca da possibilidade jurídica de oferecimento de revisão criminal em face de decisões do Conselho de Sentença. A primeira, pela impossibilidade de seu ajuizamento; a segunda, pela possibilidade, todavia, em caso de procedência do pedido, deve o tribunal de segundo grau encaminhar o então condenado para nova sessão plenária (Nucci, 2021). A terceira corrente aceita a alteração do julgado em sede de revisão para absolver o réu (Marcão, 2020).

Vale assinalar que a jurisprudência se pacificou no sentido de admitir a ampla revisão, por parte dos tribunais, das decisões proferidas pelo Conselho de Sentença, desde que em sede de ações de impugnação autônoma (Avena, 2020).

No que tange à fundamentação legal, o Código de Processo Penal (CPP) – Decreto-Lei n. 3.689, de 3 de outubro de 1941 – assim dispõe sobre o tema:

> Art. 621. A revisão dos processos findos será admitida:
> I – quando a sentença condenatória for contrária ao texto expresso da lei penal ou à evidência dos autos;
> II – quando a sentença condenatória se fundar em depoimentos, exames ou documentos comprovadamente falsos;
> III – quando, após a sentença, se descobrirem novas provas de inocência do condenado ou de circunstância que determine ou autorize diminuição especial da pena.

Para melhor abordar as hipóteses de cabimento da revisão criminal, analisaremos isoladamente cada inciso do art. 621 do CPP.

O **inciso I** pode ser dividido em duas partes. A primeira trata de matéria de interpretação de direito, enquanto a segunda diz respeito à análise do conjunto probatório (Avena, 2020).

A contrariedade ao texto expresso da lei recai sobre a discussão acerca da mais correta interpretação do texto legal (Pacelli, 2019). Além das aplicações evidentemente contrárias ao previsto nos diplomas legais, é possível o aforamento de revisão criminal em caso de decisão judicial que contrarie posicionamentos consolidados por cortes superiores (Marcão, 2020).

Questão interessante reside na possibilidade de cabimento da revisão criminal em caso de alteração do entendimento do

Supremo Tribunal Federal (STF) e do Superior Tribunal de Justiça (STJ) sobre tema relevante. Apesar de a jurisprudência atual não admitir o ajuizamento da ação de impugnação autônoma, Lopes Júnior (2021a) tem entendimento contrário, fundamentando tal posição no princípio da igualdade.

A segunda parte do inciso I trata da decisão em dissonância do conjunto probatório encartado nos autos. Dessarte, leciona Pacielli (2019) que a decisão judicial deve estar lastreada em prova convincente, lícita e legítima. Para aforar a revisão criminal, a defesa poderia, por exemplo, demonstrar que toda a condenação está pautada em prova indiciária.

Avena (2020) entende que a contriedade deve ser frontal. Dessa forma, se houver nos autos qualquer elemento que dê apoio ao decreto condenatório, este deve ser mantido.

Importante consignar algums críticas a esse entendimento. A primeira é a de que sempre haverá nos autos elementos indiciários mínimos para sustentar uma condenação do réu. Assim, com o uso adequado dos recursos de retórica, os tribunais poderão manter decisões de condenações injustas (Lopes Júnior, 2021a).

Nesse mesmo vértice, Lopes Júnior (2021a) leciona que é incabível a aplicação do *in dubbio pro societate* no processo penal, pois este não tem assento constitucional. Nesse contexto, se da análise do conjunto probatório houver dúvida acerca da materialidade e da autoria delitivas, deve o tribunal absolver o réu.

Finalmente, há de se anotar que o erro de interpretação pode ser verificado em matéria de direito material (teoria da norma penal, teoria do crime, teoria da sanção criminal) ou sobre questões processuais. Nesse caso, estariam albergadas as nulidades e a prova produzida de maneira ilícita e as nulidades absolutas ocorridas no processo (Lopes Júnior, 2021a).

Portanto, é perfeitamente possível postular nulidades e desentrenhamento de provas ilícitas nessa ação impugnatória (art. 626 do CPP).

O **inciso II** trata da falsidade das provas acostadas aos autos e que fizeram parte do conjunto probatório que fora levada a efeito pelo julgador na prolação da decisão condenatória. Nessa esteira, é de bom alvitre ressaltar que não se faz mister a condenação do falsificador da prova pelo crime de falso, que, muitas vezes, já pode estar alcançado por causas extintivas da punibilidade, como a prescrição (Marcão, 2020).

Noutro giro, não basta que seja reconhecida a falsidade do elemento probatório; é necessário que a prova falsa – que pode constituir-se em depoimentos, documentos, perícias etc.– tenha sido valorada para a prolação da decisão condenatória (Pacelli, 2019).

Deve ser comprovada a falsidade da prova. Todavia, o processo penal brasileiro constitui-se como procedimento em contraditório (Ruthes; Koller, 2016). Dessa forma, é preciso que se dê oportunidade de contraditório ao Ministério Público, já que, na ação de revisão, não existe polo passivo (Marcão, 2020).

Ademais, a doutrina dominante não admite a dilação probatória nas ações de impugnação autônomas. Dessa forma, quando houver necessidade de discussão da prova, deve o autor da ação de impugnação requerer audiência de justificação prévia. Essa providência está prevista no art. 381, inciso V, do Código de Processo Civil (CPC) – Lei n. 13.105, de 16 de março de 2015 – audiência de justificação prévia (Avena, 2020).

A referida cautelar será distribuída em uma das varas criminais de primeiro grau, sem haver qualquer tipo de prevenção (Avena, 2020). Pode causar espanto a utilização de procedimentos constantes no CPC na esfera criminal. Todavia, é possível, no silêncio deste, lançar mão de expedientes estampados na Lei Adjetiva Civil, conforme prevê o art. 3º do CPP.

O **inciso III** preconiza que é possível o aforamento de revisão criminal quando houver nova prova que leve à conclusão de que o autor da revisão é inocente ou, ainda, que diminua sua pena (Pacelli, 2019).

À semelhança de prova nova para o desarquivamento do inquérito policial, basta que esta seja desconhecida no momento da prolação da decisão que transitou em julgado (Marcão, 2020).

Para que se efetive o contraditório na inclusão da prova nova, deve o condenado apresentar procedimento de justificação prévia ou antecipação da produção de provas previstos nos arts. 381 e 383 do CPC, o qual será distribuído perante uma das varas criminais.

As críticas tecidas quando da análise do inciso II podem ser perfeitamente aplicáveis ao inciso III, uma vez que, em homenagem ao princípio da presunção de inocência, a prova nova não necessitaria levar o julgador à certeza do não cometimento do crime por parte do autor da revisão criminal, mas, tão somente, dúvida razoável sobre a autoria e a materialidade delitivas (Lopes Júnior, 2021a).

Também pode servir como fundamento para a revisão criminal, com esteio no inciso em comento, a não valoração de provas já existentes no processo. Imaginemos que se discuta o crime de corrupção ativa e que haja prova de que o bem objeto da corrupção jamais integrou/ingressou na esfera patrimonial (posse ou propriedade) do acusado, bem como que a sentença sequer avalia tal elemento probatório. Dessa forma, seria possível ajuizar ação criminal com fundamento no referido inciso, já que a prova foi introduzida aos autos e não foi valorada por parte do julgador.

Um dos pressupostos para o ingresso da referida ação é o trânsito em julgado de decisão condenatória. Dessa forma, não será possível o aforamento da referida ação de impugnação quando houver sentença absolutória, salvo se imprópria. Esta, apesar de se chegar à conclusão de que o acusado não cometeu crime, impõe medida de segurança, que pode ser mais gravosa do que uma pena criminal. Salientamos que inexiste previsão de progressão de regime e livramento condicional para esses casos. Nessa linha, a internação durará o quanto for necessário para que haja a cessação da periculosidade do agente. Seu único limite será o máximo em abstrato previsto para o crime (Avena, 2020).

Nesse sentido a Súmula n. 527 do STJ: "O tempo de duração da medida de segurança não deve ultrapassar o limite máximo da pena abstratamente cominada ao delito praticado".

Outro pressuposto é o trânsito em julgado da decisão. Entende-se por *trânsito em julgado* a indisponibilidade de meios recursais para impugnar a decisão no mesmo processo (Avena, 2020). Tal fato pode ocorrer pelo esgotamento das vias recursais ou pela preclusão temporal para sua interposição.

Outro aspecto que deve ser aqui abordado consiste na impossibilidade de ajuizamento de revisão criminal visando desconstituir decisão que homologa transação penal no âmbito dos Juizados Especiais Criminais. Isso porque inexiste condenação, mas tão somente decisão que homologa acordo entre as partes (Marcão, 2020).

Há, ainda, a possibilidade de apresentar revisão criminal diante de extinção da punibilidade. As causas extintivas vêm estampadas no art. 107 do Código Penal (CP) – Decreto-Lei n. 2.848, de 7 de dezembro de 1940. Para Lopes Júnior (2021a), havendo a extinção da punibilidade antes da decisão condenatória, não há de se falar em possibilidade de ajuizamento de revisão criminal, pois inexiste decisão condenatória, apenas decisão declaratória.

Já Avena (2020) leciona que o perdão judicial consignado em sentença judicial não é capaz de obstar o conhecimento de revisão criminal, em razão de que há o reconhecimento da prática criminosa e, somente após isso, ocorreria o perdão judicial com fundamento no art. 107, inciso V, do CP.

De qualquer sorte, o entendimento do STJ é o de que é incabível a revisão criminal quando se tratar de extinção da punibilidade, inclusive engendrada pela concessão do perdão judicial. Nesse sentido é a Súmula n. 18 do STJ: "A sentença concessiva do perdão judicial é declaratória da extinção da punibilidade, não subsistindo qualquer efeito condenatório".

Indagação interessante repousa sobre a possibilidade de se apresentar revisão criminal em face de decisão proferida por juiz da Execução. Para essas decisões, existe recurso de agravo em execução. Todavia, caso haja a preclusão temporal e, por conseguinte, a decisão seja atingida pela coisa julgada material, pode ser oferecida ação de revisão criminal (Marcão, 2020).

Exemplificando: pode haver decisão prolatada que, após o trânsito em julgado, venha a ser rescindida por revisão criminal – trata-se das decisões de unificação das penas e de homologação de falta grave (Marcão, 2020).

— 4.2 —
Competência

A competência para o processamento dos feitos concernentes à revisão criminal é afeta aos tribunais. Contudo, geralmente, não cabe ao mesmo órgão que julgou o caso penal e seus recursos. Caso o processo tenha sido julgado por Turmas ou Câmaras, o processo será apreciado por Grupos Criminais, que são, em regra, a união de dois órgãos fracionados que tenham como atribuição o julgamento de casos criminais (Marcão, 2020).

Os tribunais superiores somente terão competência para o julgamento da revisão criminal em caso de conhecimento dos recursos especias e/ou extraordinários. Ressaltamos que a matéria objeto da ação deve ser afeta às competências dos tribunais superiores, ou seja, o STJ julgará questões relacionadas à interpretação de diplomas legais infraconstitucionais e federais, enquanto o STF apreciará revisões que tenham como objeto a aplicação e a interpretação de normas constitucionais. Dessarte, salvo competência originária, os aludidos tribunais não apreciarão o conjunto probatório (Lopes Júnior, 2021a).

Para melhor exemplificar, imaginemos um caso em que houve recurso extraordinário e este foi conhecido e improvido. Após o trânsito em julgado da decisão, surge prova nova que dá conta da inocência do condenado. Pois bem, apesar de o trânsito em julgado ter se dado em um tribunal superior, a matéria discutida é de natureza probatória, que só é analisada até o segundo grau de jurisdição. Dessa sorte, a competência será do Tribunal de Justiça ou do Tribunal Regional Federal, a depender de quem é a competência para o julgamento do caso penal.

Nesse diapasão, o STJ editou a Súmula n. 7: "A pretensão de simples reexame de prova não enseja recurso especial", enquanto o STF editou a Súmula n. 279: "Para simples reexame da prova não cabe recurso extraordinário". Ora, se não cabe aos tribunais superiores revisar a prova nos recursos extraordinários, por óbvio não é sua função reanalisá-las em ação de impugnação autônoma.

É possível também o ajuizamento de revisões criminais em sede de Juizados Especiais Criminais, eis que o art. 48 da Lei n. 9.099, de 26 de setembro de 1995, somente obsta o processamento de ações rescisórias cíveis no Juízado Especial. Ademais, a competência para o julgamento dessas ações é da Turma Recursal (Avena, 2020).

— 4.3 —
Tempestividade e interposição

Primeiramente, quanto à legitimidade, não resta dúvidas de que a ação pode ser proposta pelo condenado, por seu defensor ou, na ausência ou no falecimento daquele, estarão legitimados seu cônjuge, ascendente, descendente ou irmão (Marcão, 2020).

Dois pontos merecem especial atenção. O primeiro é a possibilidade de o condenado aforar a revisão sem qualquer assistência do advogado. Apesar de o art. 622 do CPP possibilitar tal situação, não se pode olvidar que, em razão da complexidade das matérias a serem ventiladas na exordial, é indispensável a **assistência por profissional regularmente habilitado nos quadros da Ordem dos Advogados do Brasil (OAB) ou por defensor público** (Avena, 2020).

Outra questão relevante é a legitimidade do Ministério Público para ajuizar a ação de impugnação. Existe parte da doutrina que entende que, em razão do art. 127 da CF/1988, é possível tal providência. Isso porque o Ministério Público não é somente o órgão acusador, mas também o responsável pela fiscalização de valores atinentes ao Estado Democrático de Direito (Pacelli, 2019).

Existem argumentos contrários à legitimidade ministerial para oferecimento da revisão criminal, por ferir o sistema acusatório consagrado na CF/1988 e, mais recentemente, no art. 3º-A do CPP. Não há de se falar que o Ministério Público é uma parte imparcial, uma vez que tem como principal mister contraditar a defesa. Dessa maneira, não haveria como aceitar, por mais nobres que fossem os motivos, o ajuizamento pelo *parquet* (Lopes Júnior, 2021a).

De qualquer forma, o STF assume a posição aludida no parágrafo anterior. Nesse sentido:

> REVISÃO CRIMINAL – LEGITIMIDADE. O Estado-acusador, ou seja, o Ministério Público, não tem legitimidade para formalizar a revisão criminal, pouco importando haver emprestado ao pedido o rótulo de habeas corpus, presente o fato de a sentença já ter transitado em julgado há mais de quatro anos da impetração e a circunstância de haver-se arguido a competência da Justiça Federal, e não da Justiça Estadual, sendo requerente o Procurador da República. (STF, RHC n. 80.796, Rel. Min. Marco Aurélio, Segunda Turma, julgado em 29/05/2001, DJ de 10/08/2001)

Portanto, independentemente do nome dado à ação impugnatória, quando o objeto for a rescisão de sentença condenatória transitada em julgado, não terá o Ministério Público legitimidade para aforá-la. Nesse sentido, andou bem a Corte Constitucional. Ademais, mesmo que se defenda que o condenado seja desprovido de recursos financeiros, as Defensorias Públicas têm legitimidade para representá-los, sendo medida justa investir em suas estruturas e aparelhá-las tal qual o Ministério Público (Lopes Júnior, 2021a).

Insta mencionar que, em homenagem ao princípio da isonomia, os companheiros também podem propor a ação em estudo; e, mais recentemente, a legitimidade é extensível aos companheiros do mesmo sexo (Marcão, 2020).

Inexiste prazo para o manejo da revisão criminal, podendo ser proposta, inclusive, após a morte do condenado. Isso porque o valor a ser tutelado não é somente a liberdade do injustamente condenado, mas, sobretudo, retirar a mácula que cai sobre sua imagem em razão de uma decisão condenatória (Avena, 2020).

— 4.4 —
Procedimento

O procedimento está previsto no próprio CPP, mas faz-se necessário buscar as normas previstas nos regimentos internos dos tribunais para eventuais detalhes. A petição incial deve estar instruída com certidão de trânsito em julgado da sentença condenatória (Marcão, 2020).

Ressaltamos que o relator da ação de revisão criminal não pode ser o mesmo do recurso de apelação, especial ou extraordinário (Lopes Júnior, 2021a). Essa providência é tomada para que haja um novo olhar sobre o caso penal, evitando, assim, pontos de vistas já viciados.

Importante destacar que não se faz necessário o recolhimento do condenado ao cárcere para que a ação seja processada. Nesse sentido dispõe a Súmula n. 393 do STF: "Para requerer revisão criminal, o condenado não é obrigado a recolher-se à prisão".

Uma vez recebida a petição, o magistrado verificará se é o caso de sua rejeição liminar. Caso não seja, deve abrir vista ao Ministério Público (Pacelli, 2019). Se entender necessário, o relator pode determinar a juntada de cópia dos autos principais aos da revisão criminal (Marcão, 2020).

— 4.5 —
Efeitos

Já de início, há de se mencionar que a revisão criminal não pode trazer situação mais gravosa ao condenado. Caso o processo seja anulado, não pode, em novo julgamento, aumentar a sanção criminal do acusado (Avena, 2020).

Os efeitos da procedência dos pleitos estão positivados no art. 626 do CPP:

> Art. 626. Julgando procedente a revisão, o tribunal poderá alterar a classificação da infração, absolver o réu, modificar a pena ou anular o processo.

Parágrafo único. De qualquer maneira, não poderá ser agravada a pena imposta pela decisão revista.

Dessa forma, resta clara a possibilidade de ajuizamento de ação de revisão criminal visando questionar a aplicação de institutos processuais penais e, portanto, postulando a nulidade do feito (Lopes Júnior, 2021a).

Vale asseverar que, à revisão criminal, não se aplica o instituto da correlação entre o pedido e a decisão. O autor pode requerer apenas a nova tipificação da conduta pela qual foi condenado, mas nada impede que o tribunal absolva o acusado. Portanto, a decisão *ultra petita* não é causa de nulidade da decisão proferida em sede de revisão criminal (Lopes Júnior, 2021a).

Também é impossível a aplicação dos institutos da *emendatio libelli* e da *mutatio libelli*, conforme prevê a Súmula n. 453 do STF, segundo a qual: "Não se aplicam à segunda instância o art. 384 e parágrafo único do Código de Processo Penal, que possibilitam dar nova definição jurídica ao fato delituoso, em virtude de circunstância elementar não contida, explícita ou implicitamente, na denúncia ou queixa".

Por não se tratar de recurso, não se vislumbra a possibilidade de discussão acerca de efeitos devolutivos ou suspensivos. Ocorre que, excepcionalmente, o relator pode decidir liminarmente, concedendo, de ofício, ordem em *habeas corpus* (Lopes Júnior, 2021a).

Outra corrente doutrinária defende que, de forma excepcional, o relator pode conceder decisão liminar determinando a soltura do réu condenado. Justifica-se a dificuldade em se obter decisão liminar pelo fato de se impugnar decisão coberta pelo manto da coisa julgada material. Ademais, é ônus argumentativo do autor demonstrar o *periculum in mora* e a fumaça do bom direito (Avena, 2020).

Ainda, é possível que os efeitos da decisão sejam estendidos, desde que pautados em fatores objetivos, a outros condenados pelo mesmo crime, que estejam na mesma situação do autor da revisão (Marcão, 2020).

— 4.6 —
Indenização

O art. 630 do CPP estabelece que, na ação de revisão criminal, haverá a possibilidade de o juiz determinar que o Estado indenize o autor por erro judiciário (Avena, 2020).

Como se sabe, com fundamento no art. 37, parágrafo 6º, da CF/1988, a responsabilidade estatal é objetiva, ou seja, independe de dolo ou culpa. Para que nasça a obrigação de indenizar, basta a existência de um ato estatal, do nexo causal e do dano (Di Pietro, 2020). Nesse caso, o Poder Judiciário ou interpretou mal as normas aplicáveis ao caso penal, ou valorou de maneira equivocada o conjunto probatório encartado nos autos (Marcão, 2020).

Por óbvio, existem situações em que a obrigação de reparar o dano é elidida. O art. 630, parágrafo 2º, alínea "a", do CPP estabelece que não será devida a indenização se a culpa pelo erro da decisão puder ser atribuída ao próprio impetrante. Citamos como exemplo a situação em que um acusado guarda consigo prova de sua inocência e não apresenta no processo (Marcão, 2020).

Outra hipótese prevista no dispositivo legal em comento é a de que a ação seja meramente privada. Tal disposição não foi recepcionada pelo ordenamento jurídico pátrio, pois, apesar de o processo iniciar-se mediante a provocação de particular, o exercício da jurisdição é privativo do Estado e o erro ocorreu no momento de sua prestação (Lopes Júnior, 2021a).

Por fim, vale asseverar que, regra geral, sendo a condenação errônea ou culpa exclusiva da vítima, a indenização será afastada (Lopes Júnior, 2021a), até porque, em conformidade com a doutrina administrativista, esta consiste em uma hipótese de exclusão do dever de indenizar do Estado (Di Pietro, 2020).

— 4.7 —

Peça processual

Trata-se de petição inicial e, por isso, deve ser dividida em três partes: (1) dos fatos, (2) do direito e (3) do pedido. A fundamentação legal é o art. 621 do CPP (Knippel, 2019).

A técnica para saber se é caso de proposição da referida ação é a verificação se há sentença condenatória, ou absolutória imprópria, transitada em julgado (Knippel, 2019).

A peça será endereçada ao presidente do Tribunal ao qual se dirige.

Modelo de endereçamento

> EXCELENTÍSSIMO SENHOR DOUTOR MINISTRO PRESIDENTE DO SUPREMO TRIBUNAL FEDERAL
>
> ou
>
> EXCELENTÍSSIMO SENHOR DESEMBARGADOR PRESIDENTE DO TRIBUNAL DE JUSTIÇA DO ESTADO DE MINAS GERAIS

O tribunal ao qual deve ser dirigida a exordial deve ser identificado por meio da análise dos autos e, mais especificamente, onde se transitou a matéria que se pretende discutir. Em caso de provas e exames, essa informação deve constar no enunciado da questão.

— 4.7.1 —
Qualificação

O autor da ação revisional será denominado *revisionando*. Devem cosntar nas informações a nacionalidade, o estado civil, a profissão, a cédula de identidade, o CPF, a residência e o domicílio. Ainda, deve constar que estão sendo juntadas a procuração e a certidão de trânsito em julgado da decisão condenatória (Dezem et al., 2020).

Interessante asseverar que a ação de revisão criminal não tem polo passivo. Contudo, há posicionamentos que advogam a participação da Fazenda Pública Estadual no feito, em razão de que eventuais valores devidos serão custeados pelo tesouro (Nucci, 2020).

— 4.7.2 —
Dos fatos

O autor trará os principais fatos que dão ensejo ao pleito de revisão criminal. Dessa sorte, devem ser evidenciados os fatos mais importantes para a tese a ser desenvolvida nos tópicos concernentes ao direito. Em caso de exame, devem ser retirados os enunciados do exercício dos fatos. Comandos como "elabore a peça cabível" não devem ser transcritos para a narrativa dos fatos (Knippel, 2019).

— 4.7.3 —
Do direito

A argumentação tecida em sede de fundamentos jurídicos deve ser a demonstração dos fundamentos do ajuizamento da ação. Por exemplo, se a revisão criminal foi distribuída em razão de erro na aplicação da lei, o argumento será desenvolvido para demonstrar tal equívoco. Se a legislação for de direito material, deve-se buscar a absolvição do revisionando; se de direito processual, há de se buscar a nulidade do feito com novo julgamento do caso penal (Knippel, 2019).

No mesmo sentido, se a fundamentação da proposição for a prova falsa, deve a argumentação jurídica trazida demonstrar a falsidade da prova e como esta influenciou a decisão objurgada. Se pautada em nova prova, deve demonstar como a introdução desta alteraria o julgamento (Knippel, 2019).

— 4.7.4 —
Do pedido

Pode ser requerido aquilo que traga uma melhora na situação do condenado, como a absolvição, a redução da pena e, até mesmo, a anulação do processo.

Nesse sentido, o pedido genérico é o recebimento e o processamento da revisão criminal, julgando-se procedentes os pedidos para fins de [indicar o objetivo]. As providências constam no art. 626 do CPP.

— 4.8 —
Modelos

Enunciado

Pedro de Tal, brasileiro, carpinteiro, solteiro, atualmente com 25 anos de idade, residenciado à Rua da Esperança 559, Teresina, está cumprindo pena em regime fechado por ter cometido o crime de homicídio simples em face de João Desaparecido. O processo tramitou perante a Vara do Tribunal do Júri de Terezina e, ao final, o Conselho de Sentença o considerou culpado pela prática de homicídio simples tipificado no art. 121 do Código Penal com a pena de oito anos de reclusão. A defesa interpôs o Recurso de Apelação Criminal sustentando que o julgamento estava em desacordo com a prova produzida nos autos. Isso se dava em razão da inexistência de localização de cadáver e de comprovação da materialidade delitiva. O apelo ora conhecido pelo Tribunal *ad quem*, mas negado o provimento. A decisão transitou em julgado em 15 de dezembro de 2017. O réu se encontra preso desde 20 de dezembro de 2017. Ocorre que, em dezembro de 2020, a suposta vítima reapareceu na cidade. A defesa de Pedro entrou com cautelar de antecipação de prova e ouviu João Desaparecido que afirmou que, com medo das ameaças de Pedro, mudou-se, sem avisar ninguém, para Assunção/Paraguai; que, por acreditar que as coisas estariam mais calmas, voltou à cidade; que Pedro jamais sequer lhe agrediu. O magistrado em sentença, reconheceu que João Desaparecido estava vivo. De posse dessas informações, apresente a peça processual que contemple os interesses de Pedro de Tal.

Como se vê no enunciado, já houve o trânsito em julgado da decisão condenatória, razão pela qual não é possível apresentar qualquer recurso. Todavia, com o reaparecimento da suposta vítima, pode-se afirmar que existe prova nova da inocência do condenado. Essa prova já foi levada ao contraditório por meio de ação cautelar própria. Portanto, de acordo com o art. 621, inciso III, do CPP, deve ser oferecida ação de revisão criminal.

Modelo da peça de ação de revisão criminal

EXCELENTÍSSIMO SENHOR DOUTOR DESEMBARGADOR PRESIDENTE DO TRIBUNAL DE JUSTIÇA DO ESTADO DO PIAUÍ

Pedro de Tal, brasileiro, solteiro, carpinteiro, portador da Cédula de Indetidade n. _____, residente e domiciliado na Rua da Esperança, 559, Terezina, Piauí, vem, por meio de seu bastante advogado, procuração anexa, com o devido respeito à presença de Vossa Excelência, com base no art. 621, inciso III, do Código de Processo Penal, propor

AÇÃO DE REVISÃO CRIMINAL

pautado nos motivos de fato e de direito adiante elencados.

I - DOS FATOS

O revisionado fora condenado pela Vara do Tribunal do Júri de Terezina à pena de oito anos de reclusão por ter, em tese, cometido o crime de homicídio simples contra João Desaparecido.

Cumpre asseverar que o corpo jamais foi encontrado e, por entender que a condenação estava dissociada da prova produzida nos autos, o então acusado interpôs Recurso de Apelação, que foi conhecido e não provido. A decisão transitou em julgado conforme certidão anexa.

Ocorre que, ao arrepio do decidido, em data recente, a suposta vítima do delito reapareceu na cidade. A defesa ajuizou, na Vara Criminal, ação cautelar visando à antecipação de provas. Nesta que se encontra acostada a esta exordial, restou comprovado que o Senhor João Desaparecido se encontra com vida. Portanto, não pode ter sido vítima do homicídio.

II – DO DIREITO
a) Da necessidade de rescisão da sentença condenatória

O art. 121 do Código Penal criminaliza a ação de matar alguém. Dessa forma, para que haja o crime na modalidade consumada, há de se retirar a vida da vítima. No caso em concreto, fica evidente que o revisionando jamais sequer tentou contra a vida de José Desaparecido.

Conforme decisão juntada aos autos, o juízo da Vara Criminal reconhece que a pretensa vítima está viva e, mais, de acordo com o depoimento prestado por ela, o autor jamais praticou qualquer ato violento em seu desfavor.

A decisão coberta com o manto da coisa julgada goza de imutabilidade. Todavia, em casos taxativamente previstos, é possível, em nome de valores como a justiça, desconstituir decisão condenatória transitada em julgado.

O art. 621, inciso III, do Código de Processo Penal autoriza a proposição de Revisão Criminal quando houver nova prova que demonstre a inocência do acusado ou, ainda, que autorize a diminuição de pena.

É o que acontece no caso em análise. Veja-se que o reaparecimento da suposta vítima é prova cabal da inocência do revisando, motivo pelo qual não se pode manter o decreto condenatório.

b) Da liminar

Apesar de a referida ação não ter o condão de liberar imediatamente o revisando, há de se asseverar que o caso em exame apresenta peculiaridades que autorizam a decisão liminar.

A nova prova apresentada apresenta verossimilhança acerca da inocência do acusado. À sua análise, chega-se à conclusão de que não houve o cometimento de homicídio e, tampouco, que o revisando é seu autor. Dessa sorte, é possível afirmar que se encontra presente a "fumaça do bom direito".

O perigo da demora está consubstanciado na injustificada restrição à liberdade de pessoa que se reconhecerá inocente. Note-se que, mesmo que o autor esteja a cumprir pena em regime aberto, ainda subsistem restrições à sua liberdade. Estas devem ser imediatamente levantadas a fim de que o revisando possa a gozar de seu *status* de liberdade.

c) Da indenização por dano moral e material

O art. 37, parágrafo 5º, da Constituição Federal estabelece que o Estado tem responsabilidade objetiva aquiliana. Dessarte, somente devem ser comprovados o dano e o nexo de causalidade entre ele e o ato estatal. Nesse mesmo sentido, o art. 5º, inciso LXXV, preconiza que o Estado indenizará aquele que for injustamente condenado por erro.

No caso em apreço, resta claro que o revisionando amargou determinado tempo encarcerado por erro judicial, razão pela qual faz jus ao recebimento de indenização do erário.

De acordo com o art. 630, parágrafo 1º, cabe ao juízo cível liquidar o valor devido ao revisionando.

III – DO PEDIDO

Face ao exposto requer-se

a. A concessão de liminar para que o revisionando seja colocado imediatamente em liberdade, cessando as restrições atinentes ao regime aberto, eis que, conforme demonstrado, encontram-se presentes os requisitos da fumaça do bom direito e do perigo na demora.

b. No mérito, que seja julgado procedente o pedido para, na forma do art. 626 do CPP, seja desconstituída a sentença transitada em julgado e o revisando seja declarado inocente ao teor do art. 386, inciso I, do mesmo diploma legal.

c. Ao teor do art. 37, parágrafo 6º, e do art. 5º, inciso LXXV, da Constituição Federal, que se reconheça a obrigação do Estado indenizar o autor, sendo que, com esteio no art. 630, parágrafo 1º, do CPP, o valor será liquidado junto à esfera cível.

Nestes termos,
pede deferimento.
Local e data
ADVOGADO
OAB/XX n. XXXXX

Capítulo 5

Habeas corpus

De início, cumpre asseverar que existem alguns sinônimos constantemente utilizados na doutrina e na jurisprudência para *habeas corpus*: *remédio constitucional*, *remédio heroico* e *writ*. Este último, derivado do direito inglês, com acepção de "ordem" ou "escrito".

Antes da existência do *habeas corpus*, o remédio para tutelar a liberdade era o *interdito de libero homini* (Lopes Júnior, 2021a). Com contornos assemelhados ao de hoje, surgiu a partir da Magna Carta. Esse documento era um instrumento de tutela das liberdades imposto ao Rei João Sem Terra no ano de 1215 (Marcão, 2020).

Naquela época, o intuito do referido instituto era colocar a pessoa presa para que seu caso fosse apreciado perante a autoridade competente. Significava "tome para si o corpo e julgue as imputações que lhes são feitas" (Marcão, 2020, p. 1265).

No ordenamento jurídico brasileiro, o *habeas corpus* foi incorporado ao Código de Processo Criminal do Império e levado a *status* de norma constitucional na Primeira Constituição Federal da República (Avena, 2020).

Conforme Marcão (2020), a atual Constituição Federal brasileira, promulgada em 5 de outubro de 1988, prevê, em seu art. 5º, inciso LXVIII, que "conceder-se-á *habeas-corpus* sempre que alguém sofrer ou se achar ameaçado de sofrer violência ou coação em sua liberdade de locomoção, por ilegalidade ou abuso de poder" (Marcão, 2020, p. 1266).

Coube à legislação infraconstitucional disciplinar a matéria. Dessarte, o Código de Processo Penal (CPP) da década de 1940 previu, a partir do art. 647, as hipóteses de cabimento e o rito a ser seguido (Pacelli, 2019).

Existem algumas questões interessantes acerca do *habeas corpus*. A primeira é que pode ser tanto repressivo quanto preventivo. O *habeas corpus* repressivo consiste naquele em que a coação à liberdade já foi efetivada, como no caso de uma prisão ilegal. Já o preventivo é concedido quando existe a iminência de que alguém sofrerá coação em sua liberdade. Podemos citar como exemplo um investigado ou acusado em processo penal que foi intimado para depor em CPI (Comissão Parlamentar de Inquérito). Provavelmente, ao permanecer silente, receberá ordem de prisão em flagrante. Para evitar tamanha aberração jurídica, os tribunais concedem salvo conduto ao paciente (Lopes Júnior, 2021a).

Também é possível classificá-lo em individual ou coletivo. Aquele diz respeito a uma quantidade identificável de pacientes; este, por seu turno, tutela o direito à liberdade de locomoção a um número não identificado, *a priori*, de pacientes (Avena, 2020).

Sobre o tema, o Supremo Tribunal Federal (STF) já decidiu conforme ementa colacionada a seguir:

> HABEAS CORPUS COLETIVO. ADMISSIBILIDADE. DOUTRINA BRASILEIRA DO HABEAS CORPUS. MÁXIMA EFETIVIDADE DO WRIT. MÃES E GESTANTES PRESAS. RELAÇÕES SOCIAIS MASSIFICADAS E BUROCRATIZADAS. GRUPOS

SOCIAIS VULNERÁVEIS. ACESSO À JUSTIÇA. FACILITAÇÃO. EMPREGO DE REMÉDIOS PROCESSUAIS ADEQUADOS. LEGITIMIDADE ATIVA. APLICAÇÃO ANALÓGICA DA LEI 13.300/2016. MULHERES GRÁVIDAS OU COM CRIANÇAS SOB SUA GUARDA. PRISÕES PREVENTIVAS CUMPRIDAS EM CONDIÇÕES DEGRADANTES. INADMISSIBILIDADE. PRIVAÇÃO DE CUIDADOS MÉDICOS PRÉ-NATAL E PÓS-PARTO. FALTA DE BERÇÁRIOS E CRECHES. ADPF 347 MC/DF. SISTEMA PRISIONAL BRASILEIRO. ESTADO DE COISAS INCONSTITUCIONAL. CULTURA DO ENCARCERAMENTO. NECESSIDADE DE SUPERAÇÃO. DETENÇÕES CAUTELARES DECRETADAS DE FORMA ABUSIVA E IRRAZOÁVEL. INCAPACIDADE DO ESTADO DE ASSEGURAR DIREITOS FUNDAMENTAIS ÀS ENCARCERADAS. OBJETIVOS DE DESENVOLVIMENTO DO MILÊNIO E DE DESENVOLVIMENTO SUSTENTÁVEL DA ORGANIZAÇÃO DAS NAÇÕES UNIDAS. REGRAS DE BANGKOK. ESTATUTO DA PRIMEIRA INFÂNCIA. APLICAÇÃO À ESPÉCIE. ORDEM CONCEDIDA. EXTENSÃO DE OFÍCIO. I – Existência de relações sociais massificadas e burocratizadas, cujos problemas estão a exigir soluções a partir de remédios processuais coletivos, especialmente para coibir ou prevenir lesões a direitos de grupos vulneráveis. II – Conhecimento do *writ* coletivo homenageia nossa tradição jurídica de conferir a maior amplitude possível ao remédio heroico, conhecida como doutrina brasileira do *habeas corpus*. III – Entendimento que se amolda ao disposto no art. 654, § 2º, do Código de Processo Penal – CPP, o qual outorga aos juízes e tribunais competência para expedir, de ofício, ordem de *habeas corpus*, quando no curso de processo, verificarem que alguém sofre ou está na iminência de sofrer coação ilegal. IV – Compreensão que se harmoniza também com o previsto no art. 580 do CPP, que faculta a extensão da ordem a todos que se encontram na mesma situação processual. V – Tramitação de mais de 100 milhões de processos no Poder Judiciário, a cargo de pouco mais de 16 mil juízes, a qual exige que o STF prestigie remédios processuais de natureza coletiva para emprestar a máxima eficácia ao mandamento constitucional da razoável duração do processo e ao princípio universal da efetividade da prestação jurisdicional. VI – A legitimidade ativa do habeas corpus coletivo, a princípio, deve ser reservada àqueles listados no art. 12 da Lei 13.300/2016, por analogia ao que dispõe a legislação referente ao mandado de injunção coletivo. VII – Comprovação nos autos de existência de situação estrutural em que mulheres grávidas e mães de crianças (entendido o vocábulo aqui em seu sentido legal, como a pessoa de até doze anos de idade incompletos, nos termos do art. 2º do Estatuto da Criança e do Adolescente – ECA) estão, de fato, cumprindo prisão preventiva em situação degradante, privadas de cuidados médicos pré-natais e pós-parto, inexistindo, outrossim berçários e creches para seus filhos. VIII – "Cultura do encarceramento" que se evidencia pela exagerada e irrazoável imposição de prisões provisórias a mulheres pobres e vulneráveis, em decorrência de excessos na interpretação e aplicação da lei penal, bem assim da processual penal, mesmo diante da existência de outras soluções, de caráter humanitário, abrigadas no ordenamento jurídico vigente. IX – Quadro fático especialmente inquietante que se revela pela incapacidade de o Estado brasileiro garantir cuidados mínimos relativos à maternidade, até mesmo às mulheres que não estão em situação prisional, como comprova o "caso Alyne Pimentel", julgado pelo Comitê para a Eliminação de todas as Formas de Discriminação contra a Mulher das Nações Unidas. X – Tanto o Objetivo de Desenvolvimento do Milênio nº 5 (melhorar a saúde materna) quanto o Objetivo de Desenvolvimento Sustentável nº 5 (alcançar a igualdade de gênero e empoderar todas as mulheres e meninas), ambos da Organização das Nações Unidades, ao tutelarem a saúde reprodutiva das pessoas do gênero feminino, corroboram o pleito formulado na impetração. X – Incidência de amplo regramento internacional relativo a Direitos Humanos, em especial das Regras de Bangkok, segundo as quais deve ser priorizada solução judicial que facilite a utilização de alternativas penais ao encarceramento, principalmente para as hipóteses em que ainda não haja decisão condenatória transitada em julgado. XI – Cuidados com a mulher presa que se direcionam não só a ela, mas igualmente aos seus filhos, os quais sofrem injustamente as consequências da prisão, em flagrante contrariedade ao art. 227 da Constituição, cujo teor determina que se dê prioridade absoluta à concretização dos direitos destes. XII – Quadro descrito nos autos que exige o estrito cumprimento do Estatuto da Primeira Infância, em especial da nova redação por ele conferida ao art. 318, IV e V, do Código de Processo Penal. XIII – Acolhimento do *writ* que se impõe de modo a superar tanto a arbitrariedade judicial quanto a sistemática exclusão de direitos de grupos hipossuficientes, típica de sistemas jurídicos que não dispõem de soluções coletivas para problemas estruturais. XIV – Ordem concedida para determinar a substituição da prisão preventiva pela domiciliar – sem prejuízo da aplicação concomitante das medidas alternativas previstas no art. 319 do CPP – de todas as mulheres presas, gestantes, puérperas ou mães de crianças e deficientes, nos termos do art. 2º do ECA e da Convenção sobre Direitos das Pessoas com Deficiências (Decreto Legislativo 186/2008 e Lei 13.146/2015), relacionadas neste processo pelo DEPEN e outras autoridades estaduais, enquanto perdurar tal condição, excetuados os casos de crimes praticados por elas mediante violência ou grave ameaça, contra seus descendentes ou, ainda, em situações excepcionalíssimas, as quais deverão ser devidamente fundamentadas pelos juízes que denegarem o benefício. XV – Extensão da ordem de ofício a todas as demais mulheres presas, gestantes, puérperas ou mães de crianças e de pessoas com deficiência, bem assim às adolescentes sujeitas a medidas socioeducativas em idêntica situação no território nacional, observadas as restrições acima. (STF, HC n. 143.641, Rel. Min. Ricardo Lewandowski, Segunda Turma, julgado em 20/02/2018, DJe de 08/10/2018)

O julgado ora colacionado é extremamente didático para traçar algumas linhas acerca do instituto. Trata-se de mulheres que têm como ponto em comum estarem grávidas ou serem mães de crianças, estando preventivamente encarceradas. Ademais, destacamos o estado de coisas inconstitucional dos presídios brasileiros, tendo em vista a falta de assistência material aos encarcerados. Consideramos, ainda, a situação de vulnerabilidade das mulheres encarceradas e o princípio da intranscendência da pena, pois é inegável que os filhos das custodiadas também são atingidos pelas más condições do cárcere.

Já na seara processual, admite-se o remédio constitucional coletivo por analogia ao mandado de segurança e de injunção coletivos. Como bem assevera o Ministro Relator, esses expedientes dão maior celeridade e eficiência à jurisdição constitucional, efetivando, portanto, os direitos fundamentais das minorias.

Não podemos olvidar que o encarceramento feminino em massa se reveste como uma consequência de uma sociedade patriarcal que conduz a mulher a uma esfera privada em vez de pública. Ressaltamos, ainda, que, apesar da decisão ora consignada, muitas vezes o direito de prisão domiciliar é solenemente negado por instâncias inferiores do Poder Judiciário (Mendes, 2019).

Retomando as questões processuais, o *habeas corpus* é ação mandamental constitucional de impungnação autônoma. Cumpre ressaltar que é de cognição sumária, portanto, não cabe dilação probatória, ou seja, a prova deve estar pré-constituída. Salientamos que o óbice consiste na produção da prova, e não em sua avaliação. Até porque, para se verificar a coação ilegal, far-se-á necessária a valoração da prova documental acostada aos autos (Lopes Júnior, 2021a).

— 5.1 —
Cabimento

As hipóteses de cabimento vêm, exemplificativamente, consignadas no art. 648 do Código de Processo Penal (CPP) – Decreto-Lei n. 3.689, de 3 de outubro de 1941:

> Art. 648. A coação considerar-se-á ilegal:
>
> I – quando não houver justa causa;
>
> II – quando alguém estiver preso por mais tempo do que determina a lei;
>
> III – quando quem ordenar a coação não tiver competência para fazê-lo;
>
> IV – quando houver cessado o motivo que autorizou a coação;
>
> V – quando não for alguém admitido a prestar fiança, nos casos em que a lei a autoriza;
>
> VI – quando o processo for manifestamente nulo;
>
> VII – quando extinta a punibilidade.

Tem cabimento a impetração com fundamento no **inciso I** a prisão que for decretada sem o mínimo de lastro probatório, ou seja, indícios de autoria e materialidade delitiva. Noutro prisma, também cabe a impetração do *writ* quando a prisão, a instauração do inquérito ou o recebimento da denúncia carecer de amparo legal. Um exemplo poderia ser o recebimento de denúncia pela prática de incesto. Ora, apesar das questões morais que envolvem o tema, não há de se falar em conduta típica (Pacelli, 2019).

Em síntese, não subsiste qualquer motivo de fato ou de direito que seja hábil a engendrar a prisão ou instaurar a persecução criminal (Marcão, 2020).

A impetração do remédio heroico com fundamento no **inciso II** tem lugar quando existe uma dilação injustificada das medidas encarceradoras. Sabemos que, no Brasil, as prisões cautelares não têm prazo determinado, à exceção da prisão temporária, que pode durar até 30 dias (Avena, 2020).

Noutro giro, o art. 5º, inciso LXXVIII, da Constituição Federal (CF) de 1988 assim disciplina o tema: "a todos, no âmbito judicial e administrativo, são assegurados a razoável duração do processo e os meios que garantam a celeridade de sua tramitação". Fato é que o custodiado não deve ficar segregado mais tempo do que o necessário para que se finde o processo (Lopes Júnior, 2021a).

Ocorre que, como dito, inexiste prazo determinado para a duração do processo. Há, contudo, alguns critérios que podem ser traçados para determinar se o feito está tendo uma demora injustificada, sendo eles: (a) a complexidade do caso penal; (b) a atividade processual do imputado; (c) a conduta das autoridades judiciais e do Ministério Público; e (d) o princípio da proporcionalidade (Lopes Júnior, 2021a).

Ainda sobre o tema, é importante conhecer o conteúdo da Súmula n. 21 do Superior Tribunal de Justiça (STJ), segundo a qual: "Pronunciado o réu, fica superada a alegação do constrangimento ilegal da prisão por excesso de prazo na instrução".

Tal posição merece uma releitura, eis que não podemos fechar os olhos para eventuais demora no processamento de recurso em sentido estrito (Rese) e excesso de processos para pautar perante o Tribunal do Júri.

Nessa mesma esteira, e passível das mesmas críticas, é a redação da Súmula n. 52 do STJ: "Encerrada a instrução criminal, fica superada a alegação de constrangimento por excesso de prazo".

À exceção da prisão em flagrante, que qualquer um do povo pode realizar sem qualquer nulidade (art. 302 do CPP), as demais prisões devem ser determinadas pelo juiz natural. Entende-se como *juiz natural* aquele que é competente, em razão tanto da pessoa quando da matéria e do território, para julgar o caso penal. Nessa mesma toada, citamos o exemplo de prisão preventiva decretada por delegado de polícia ou promotor de Justiça. Contra tais atos, é possível a impetração de *habeas corpus* com fulcro no **inciso III** (Avena, 2020).

O **inciso IV** possibilita a impetração do *writ* quando cessarem os motivos ensejadores da segregação. No presente caso, a prisão não era ilegal, uma vez que desapareceram os motivos que lhe deram azo. Dessa sorte, a segregação veio a se tornar arbitrária (Pacelli, 2019).

Imaginemos que um acusado é preso preventivamente por apresentar risco à instrução criminal. A segregação, *a priori*, não apresenta qualquer vício. Contudo, após passar a fase instrutória, deve o imputado ser posto em liberdade, pois a situação de fato que ensejava o encarceramento não subsiste. Caso a prisão seja mantida, será possível o ajuizamento do remédio heroico sob o argumento legal traçado no parágrafo anterior (Lopes Júnior, 2021a).

O **inciso V**, por seu turno, ampara *habeas corpus* que visa impugnar decisão que indeferiu pleito de fiança quando cabível (Avena, 2020). Existem alguns casos em que o valor arbitrado é tão expressivo e descolado da realidade que se torna possível a impetração do *writ*. Destacamos que o pedido não será para que o paciente seja posto em liberdade, mas tão somente para determinar que a autoridade coatora determine o valor da fiança (Lopes Júnior, 2021a).

O *habeas corpus* com supedâneo no **inciso VI** trata de processo manifestamente nulo. Como já visto em capítulos anteriores, *nulidade* é a sanção processual dada aos atos defeituosos que não podem ser sanados. Nunca é demais lembrar que, no processo penal, forma é garantia, bem como que seu desrespeito trará prejuízos ao acusado. Desrespeitar as normas procedimentais deslegitima o poder punitivo estatal (Lopes Júnior, 2021a).

No que tange às nulidades no processo penal, o STF, sob o argumento da necessidade de prejuízo, tende a aproveitar os atos defeituosos sob o argumento de que contribuíram para o deslinde do feito. Dessa feita, utiliza-se a lógica eficientista (Gloeckner, 2017).

Na mesma esteira, Gloeckner (2017) correlaciona a relativização das nulidades processuais a um discurso punitivista semelhante à lei e ordem ou defesa social. Dessa sorte, por mais que a matéria atinente aos vícios processuais estejam intrinsecamente ligadas ao direito (inversão de ordem de testemunhas, interceptações telefônicas além do prazo), seu reconhecimento se torna cada vez mais difícil nos tribunais pátrios (Gloeckner, 2017).

A extinção da punibilidade vem disciplinada no art. 107 do Código Penal (CP) – Decreto-Lei n. 2.848, de 7 de dezembro de 1940 – englobando, basicamente, a prescrição, a decadência, o perdão judicial, o *abolitio ciminis*, a perempção etc.

Diante da perda do poder punitivo estatal, não pode ser tomada qualquer providência para a persecução criminal – por exemplo, a instauração do inquérito policial, do processo criminal e da execução penal (Lopes Júnior, 2021a).

Havendo qualquer ato visando à persecução criminal, cabe a impetração do remédio constitucional com fundamento no **inciso VII** (Marcão, 2020).

Insta trazer à baila o entendimento da Suprema Corte quando há a extinção da pena pelo seu cumprimento. Nesse sentido é a Súmula n. 695 do STF: "Não cabe *habeas corpus* quando já extinta a pena privativa de liberdade". Por óbvio, nesse caso, a ação cabível é a revisão criminal, que já foi estudada no capítulo anterior (art. 621 do CPP).

— 5.1.1 —
Hipóteses de não cabimento

Como destacamos no início deste capítulo, o remédio heróico tem uma via extremamente elastecida para seu conhecimento. Contudo, os tribunais superiores, em razão do acúmulo sobre-humano de trabalho, estreitaram as vias de conhecimento da presente ação (Lopes Júnior, 2021a).

Nesse sentido, o STF editou a Súmula n. 693, segundo a qual: "Não cabe *habeas corpus* contra decisão condenatória a pena de multa, ou relativo a processo em curso por infração penal a que a pena pecuniária seja a única cominada". Andou bem a Suprema Corte, pois o *writ* tem como principal objetivo tutelar a liberdade de locomoção dos pacientes, que não é ameaçada quando a pena é meramente de multa.

Outro aspecto a ser aqui tratado é a impetração de *habeas corpus* substitutivo de recurso. Isso em razão de que o processamento do *writ* é marcado por maior celeridade e, portanto, traz um resultado mais efetivo ao paciente (Marcão, 2020).

HABEAS CORPUS. DIREITO PROCESSUAL PENAL E DIREITO PENAL. SUBSTITUTIVO DE RECURSO CONSTITUCIONAL. INADEQUAÇÃO DA VIA ELEITA. TRÁFICO DE DROGAS. DOSIMETRIA. EXASPERAÇÃO DA PENA-BASE. DECISÃO FUNDAMENTADA. 1. Contra a denegação de *habeas corpus* por Tribunal Superior prevê a Constituição Federal remédio jurídico expresso, o recurso ordinário. Diante da dicção do art. 102, II, a, da Constituição da República, a impetração de novo *habeas corpus* em caráter substitutivo escamoteia o instituto recursal próprio, em manifesta burla ao preceito constitucional. 2. A dosimetria da pena é matéria sujeita a certa discricionariedade judicial. O Código Penal não estabelece rígidos esquemas matemáticos ou regras absolutamente objetivas para a fixação da pena. 3. O magistrado de primeiro grau, ao analisar as circunstâncias judiciais previstas no art. 42 da Lei 11.343/2006, c/c o art. 59 do Código Penal, fixou, de forma escorreita e fundamentada, a pena-base acima do mínimo legal. 4. *Habeas corpus* não conhecido. (STF, HC n. 125.770, Relator(a): MARCO AURÉLIO, Relator(a) p/ Acórdão: ROSA WEBER, Primeira Turma, julgado em 25/10/2016, PROCESSO ELETRÔNICO DJe-200 DIVULG 04-09-2017 PUBLIC 05-09-2017)

Como é possível perceber, a Suprema Corte não conhece de *habeas corpus* impetrado para substituir recurso ordinário, que é a peça cabível para impugnar decisão que denega a concessão da ordem pelo STJ.

Importante consignar que a posição ostentada pelo STF pode ser mitigada, isso porque os juízes e os desembargadores detêm competência para conceder de ofício, ou seja, independentemente de provocação ordem de *habeas corpus*, quando vislumbrarem, no curso do processo, que o paciente está na iminência ou sofrendo coação ilegal (art. 654, § 2º, do CPP).

Sempre há de se ter em mente que o *writ* em estudo não pode ser amesquinhado e tem como principal mister garantir a liberdade de locomoção do paciente, direito fundamental de primeira geração e condição essencial para a dignidade da pessoa humana (Marcão, 2020).

— 5.2 —
Competência

Em apertada síntese, é correto afirmar que todo magistrado detém competência para o conhecimento e o deferimento da ordem de *habeas corpus*. Os critérios de competência se darão em razão da autoridade coatora e do paciente (Marcão, 2020).

O art. 650 do CPP delineia alguns critérios para o julgamento do remédio constitucional, nesse sentido:

> Art. 650. Competirá conhecer, originariamente, do pedido de *habeas corpus*:
>
> I – ao Supremo Tribunal Federal, nos casos previstos no art. 101, I, *g*, da Constituição;
>
> II – aos Tribunais de Apelação, sempre que os atos de violência ou coação forem atribuídos aos governadores ou interventores dos Estados ou Territórios e ao prefeito do Distrito Federal, ou a seus secretários, ou aos chefes de Polícia.
>
> § 1º A competência do juiz cessará sempre que a violência ou coação provier de autoridade judiciária de igual ou superior jurisdição.

§ 2º Não cabe o *habeas corpus* contra a prisão administrativa, atual ou iminente, dos responsáveis por dinheiro ou valor pertencente à Fazenda Pública, alcançados ou omissos em fazer o seu recolhimento nos prazos legais, salvo se o pedido for acompanhado de prova de quitação ou de depósito do alcance verificado, ou se a prisão exceder o prazo legal.

Nessa quadra, é de competência do juízo singular o processamento e o julgamento de *habeas corpus* contra ato de delegado de polícia e particular. Imaginemos a instauração de inquérito policial sem que a conduta seja aparentemente criminosa ou, ainda, a internação compulsória de paciente com moléstia mental, ou diretor de hospital que não franquia a saída de paciente que não quitou as despesas de seu tratamento de saúde (Lopes Júnior, 2021a).

Compete aos tribunais em segunda instância o processamento e o julgamento de *habeas corpus* cuja autoridade coatora for juiz de direito ou promotor de Justiça. A distribuição da matéria se dá pela prerrogativa de foro. Imaginemos que, ao analisar o *writ*, o tribunal percebe que o membro do *parquet* está cometendo crime de cárcere privado. Dessa forma, será ele a autoridade competente para julgar o caso penal (Marcão, 2020).

Quanto ao STF, o art. 105, inciso I, alínea "d", da CF/1988 estabelece que julgará o remédio heroico impetrado contra as seguintes autoridades coatoras ou pacientes (Avena, 2020):

- Presidente da República;
- Vice-Presidente da República;

- Membros do Congresso Nacional;
- Ministros dos tribunais superiores;
- Procurador-Geral da República;
- Chefes de missão diplomática de caráter permanente;
- Ministros de Estado;
- Comandantes das Forças Armadas.

Também é atribuição da Suprema Corte o processamento e o julgamento de *habeas corpus* cuja apreciação do caso penal seja de sua competência originária (Avena, 2020).

No que concerne ao STJ, sua competência para apreciar o *writ* vem estampada no art. 105, inciso I, alínea "c", da Carta Magna (Avena, 2020):

- Governador do estado e do Distrito Federal;
- Desembargador de Tribunal de Justiça de Estado ou do Distrito Federal;
- Membro do Tribunal de Justiça do Estado e do Distrito Federal;
- Desembargadores e juízes dos tribunais regionais federais, tribunais superiores do trabalho e tribunais regionais eleitorais;
- Membros dos Conselhos de Contas dos municípios e dos tribunais de contas dos estados e do Distrito Federal;
- Membros do Ministério Público da União que oficiem perante tribunais.

Ainda é competência do STJ processar e julgar o remédio heróico quando a autoridade coatora for Comandante da Marinha, do Exército e da Aeronáutica, bem como tribunais que estejam afetos à sua jurisdição (Avena, 2020).

Os atos de coação ilegal praticados por juízes vinculados aos juizados especiais criminais serão objeto de julgamento pelas Turmas Recursais. Ocorre que, quando esses atos provêm dessas Turmas, existe certa oscilação na jurisprudência pátria. O STF (2017) editou a Súmula n. 390, segundo a qual: "Compete originariamente ao Supremo Tribunal Federal o julgamento de *habeas corpus* contra decisão de turma recursal de juizados especiais criminais". Essa posição é referendada por parte da doutrina, eis que as Turmas Recursais não têm *status* de tribunais (Lopes Júnior, 2021b).

Interessante ressaltar que, mesmo com a súmula em plena vigência, essa posição vem sendo superada por recentes julgamentos da Suprema Corte, nesse sentido:

> EMENTA: AGRAVO REGIMENTAL. PROCESSO PENAL. HABEAS CORPUS. TURMA RECURSAL. COMPETÊNCIA. TRIBUNAL DE JUSTIÇA. SUPERAÇÃO DA SÚMULA 690 DESTA CORTE. I – Compete ao Tribunal de Justiça do Estado processar e julgar habeas corpus impetrado contra ato emanado de Turma Recursal. II – Com o entendimento firmado no julgamento do HC 86.834/SP, fica superada a Súmula 690 desta Corte. III – Agravo regimental desprovido. (STF, HC n. 89.378 AgR, Rel. Min. Ricardo Lewandowski, Primeira Turma, julgado em 28/11/2006, DJ de 15/12/2006)

Como se vê, houve a superação do precedente até então consolidado e, por conseguinte, a alteração da competência para apreciar *habeas corpus* em face de decisão de turma recursal.

— 5.3 —
Nomenclatura

Como visto, o *habeas corpus* não tem natureza jurídica de recurso, mas de ação constitucional de impugnação autônoma com conteúdo mandamental (Pacelli, 2019).

Existem algumas nomenclaturas que são utilizadas especificamente para essa ação constitucional, as quais devem ser conhecidas e empregadas tanto por candidatos em exames e provas quanto por operadores do direito. Vejamos:

- **Impetrante**: Qualquer pessoa, física ou jurídica, que impetra o *writ* em nome próprio ou alheio. Não é necessário ser advogado ou ter capacidade postulatória, bem como não é preciso sequer ter capacidade civil de fato (Avena, 2020).
- **Impetrado**: É a autoridade para a qual foi endereçada e distribuída a ação (Lopes Júnior, 2021a).
- **Paciente**: É aquele que sofre a coação ilegal em sua liberdade de ir e vir e que será beneficiado pelo *habeas corpus* (Lopes Júnior, 2021b). Existe divergência doutrinária acerca da possibilidade de pessoas jurídicas serem pacientes nessa ação constitucional. Aqueles que defendem tal posição argumentam que, a partir da Lei de Crimes Ambientais e das previsões

do art. 225 da CF/1988, passou a ser possível a responsabilização criminal de entes morais e, por consequência, a impetração do remédio heróico em seu favor (Lopes Júnior, 2021b).

De outra banda, há autores que afirmam que os entes morais, apesar de poderem estar no polo passivo dos processos, não estão habilitados para ser pacientes do *writ*; contudo, podem ser impetrantes (Marcão, 2020).

Sem embargos, a última posição parece ser a mais correta. Isso porque, em razão de uma hermenêutica sistemática do instituto, chega-se à conclusão de que seu principal mister é a tutela do direito fundamental de ir e vir, que não é atributo das pessoas jurídicas. Nessa toada, adotamos a posição de Renato Marcão (2020). Ademais, caso haja cerceamento de direito líquido e certo de titularidade do ente moral, nada impede que se impetre mandado de segurança em seu favor.

— 5.4 —
Legitimidade

Ao contrário da revisão criminal, a legitimidade para a impetração desse *writ* é bem mais elastecida. Como dito, sequer é necessário que o paciente esteja representado por advogado em juízo. Dessa forma, qualquer um do povo, brasileiro ou estrangeiro, pode impetrá-lo (Lopes Júnior, 2021b).

Não resta dúvidas de que o representante do Ministério Público pode impetrar o remédio heróico em favor do acusado. Essa possibilidade tem fundamento no art. 654 do CPP.

— 5.5 —
Habeas corpus como forma de ataque colateral

Muitas decisões interlocutórias não desafiam recurso por parte da defesa, por exemplo, a decisão que recebe a peça acusatória. Dessa forma, a defesa lança mão de ação autônoma para atacar decisão que, embora irrecorrível, padece de vício e merece reforma, sob pena de encetar nulidade processual (Lopes Júnior, 2021a).

São exemplos de decisões que desafiam *habeas corpus*: (a) a que recebe a denúncia; (b) a decisão que determina a intervenção corporal; (c) a que não reconhece a prescrição no curso de processo; (d) a que não decreta a nulidade de ato processual ou de prova ilícita etc. (Lopes Júnior, 2021a).

O *writ* é profilático quando atacar ato que engendre a nulidade dos demais que a ele estão vinculados (Avena, 2020).

Exemplificando, imaginemos que uma denúncia é aceita sem a necessária fundamentação e análise das condições da ação. Após todo o trâmite do processo, podem sobrevir decisão condenatória e prisão do acusado. Em que pesem os atos posteriores e a denúncia tenham sido formalmente válidos, são provenientes de ato ilícitos e por ele são contaminados. O mesmo podemos afirmar sobre um processo presidido por juiz incompetente ou suspeito.

— 5.6 —
Rito em primeiro grau

Ao receber a petição inicial, o magistrado verificará se estão presentes todos os seus requisitos, bem como se é caso de deferimento de liminar. Vale asseverar que, mesmo que não haja pedido expresso, o julgador pode concedê-la de ofício (Avena, 2020).

Embora o presente rito não comporte contraditório, é possível que o magistrado solicite informações à autoridade coatora. Nesse mesmo sentido, pode abrir vista ao membro do *parquet* (Avena, 2020).

É de bom alvitre consignar que o processo de *habeas corpus* não comporta dilação probatória (Avena, 2020). Todavia, não há qualquer empecílio para que o magistrado analise as provas pré-constituídas em profundidade e vá além de mero juízo perfunctório e epidérmico (Lopes Júnior, 2021a). Em outras palavras, desde que as provas já estejam acostadas aos autos, o magistrado deve analisar em profundidade.

O membro do Ministério Público e a defesa serão intimados da decisão que conceder ou denegar a ordem para fins de interposição de recurso.

— 5.7 —
Rito nos tribunais

Para melhor compreender o tema, é preciso consultar os regimentos internos dos tribunais. Por isso, antes de impetrar o *writ*, é de bom tom a consulta do documento aqui citado. Em razão dos limites desta obra, abordaremos aqui apenas os aspectos mais básicos dos procedimentos.

Recebida a petição de *habeas corpus*, o relator pode indeferi-lo liminarmente. Nesse caso a decisão será impugnável por intermédio de agravo regimental (Avena, 2020).

Em caso de seguimento do *habeas corpus*, o relator deve, ao teor do art. 652 do CPP, solicitar informações à autoridade coatora. Independentemente de sua apresentação, os autos vão ao Ministério Púbico para parecer jurídico (Avena, 2020).

Voltando os autos para o relator, o processo será pautado para a primeira sessão. Muitas vezes, o impetrante deseja fazer sustentação oral. Todavia, os autos são levados "em mesa", ou seja, sem qualquer intimação do defensor. Portanto, deve o impetrante diligenciar para saber quando o processo será julgado pelo órgão colegiado (Lopes Júnior, 2021a).

Em total dissonância com os princípios do contraditório e da ampla defesa, o STF editou a Súmula n. 431 nos seguintes termos: "É nulo o julgamento de recurso criminal, na segunda instância, sem prévia intimação, ou publicação da pauta, salvo em *habeas corpus*". Tal enunciado é carecedor de uma filtragem constitucional, isso porque foi editado ainda no ano de 1964, ou seja, anteriormente à Constituição Federal de 1988. Dessarte, se houver pleito de realização de sustentação oral na exordial, deve o defensor ser intimado da sessão de julgamento, sob pena de nulidade (Lopes Júnior, 2021a).

Merece ainda especial atenção à realidade processual que se impõe. No Brasil, é cada dia mais frequente a utilização de processos em meio eletrônicos, o que facilitaria sobremaneira a intimação das partes para o julgamento do *writ*.

Realizada a sessão de julgamento, se o pleito for conhecido e a ordem concedida, a decisão será comunicada de imediato à autoridade coatora, que deve expedir alvará para liberar o paciente, salvo se, por outro motivo, encontrar-se preso (Lopes Júnior, 2021a).

— 5.8 —
Liminar em *habeas corpus*

Apesar de inexistir a previsão expressa para a concessão de liminar no processo atinente ao *habeas corpus*, é perfeitamente possível sua postulação e seu deferimento. Deve, contudo, o impetrante demonstrar a fumaça do bom direito e o perigo na demora. Ao final do julgamento, a liminar poderá ser confirmada ou cassada (Avena, 2020).

Uma vez negada a liminar pelo relator, não cabe impetração de outro *habeas corpus*, mas sim agravo regimental, neste sentido:

> HABEAS CORPUS. SUBSTITUTIVO DE RECURSO ORDINÁRIO. ASSOCIAÇÃO PARA O TRÁFICO DE ENTORPECENTES. PRISÃO PREVENTIVA. INADEQUAÇÃO DA VIA PROCESSUAL. 1. O entendimento majoritário da Primeira Turma do Supremo Tribunal Federal é no sentido de que "**o habeas corpus é incabível quando endereçado em face de decisão monocrática que nega seguimento ao writ**, sem a interposição de agravo regimental" (HC 113.186, Rel. Min. Luiz Fux). 2. Inexistência de ilegalidade flagrante ou de abuso de poder na prisão preventiva. 3. *Habeas Corpus* extinto por inadequação da via processual, cassada a medida liminar deferida. (STF, HC n. 116.551, Rel. Min. Marco Aurélio, Rel. p/ Acórdão Min: Roberto Barroso, Primeira Turma, julgado em 10/12/2013, DJe de 31/01/2014)

No mesmo sentido, não é cabível impetração de novo *writ* para tribunal de hierarquia superior quando do indeferimento da liminar pelo relator do tribunal *a quo*. Para que o impetrante possa manejar o recurso, o remédio heróico deve ser analisado por órgão colegiado, sob pena de supressão de instância (Marcão, 2020).

— 5.9 —
Recursos de impugnação das decisões

Como já ressaltamos, os tribunais não têm conhecido *habeas corpus* em substituição a recursos previstos na legislação processual. Logo, é de grande valia saber qual é a correta forma de manifestar a irresignação com a decisão a ser impugnada.

Nos processos julgados pelo juiz singular, é cabível a interposição de Rese com fundamento no art. 581, inciso X, do CPP (Marcão 2020).

Já em segunda instância, havendo a denengação da ordem por parte do órgão colegiado, é cabível o recurso ordinário constitucional (Marcão, 2020).

Em caso de denegação da ordem por tribunais superiores, cabe a interposição de recurso ordinário constitucional para o STF (art. 102, inciso II, "a", da CF/1988).

— 5.10 —
Peça processual

Conforme salientamos, é competente para apreciar o *habeas corpus* o magistrado de hierarquia funcional imediatamente superior à autoridade coatora. Por exemplo, caso se trate de autoridade policial, competente será o juiz de primeiro grau (Knippel, 2019).

Dessa forma, o endereçamento deve seguir os exemplos trazidos no Capítulo 1, sendo certo que, na hipótese de impetração em tribunais, o endereçamento será para o Presidente daquele órgão jurisdicional.

Trata-se de petição inicial e, portanto, deve ser dividda em três tópicos diversos: (1) dos fatos; (2) do direito e (3) do pedido (Knippel, 2019). Nesse contexto, vejamos o teor do art. 654 do CPP, que traz os requisitos para a peça vestibular:

Art. 654. O *habeas corpus* poderá ser impetrado por qualquer pessoa, em seu favor ou de outrem, bem como pelo Ministério Público.

§ 1º A petição de *habeas corpus* conterá:

a) o nome da pessoa que sofre ou está ameaçada de sofrer violência ou coação e o de quem exercer a violência, coação ou ameaça;

b) a declaração da espécie de constrangimento ou, em caso de simples ameaça de coação, as razões em que funda o seu temor;

c) a assinatura do impetrante, ou de alguém a seu rogo, quando não souber ou não puder escrever, e a designação das respectivas residências.

§ 2º Os juízes e os tribunais têm competência para expedir de ofício ordem de *habeas corpus*, quando no curso de processo verificarem que alguém sofre ou está na iminência de sofrer coação ilegal.

Importante ressaltar que a peça não pode ser apócrifa, ou seja, em consonância com o dispositivo colacionado, deve ser assinada, sob pena de não conhecimento. Passamos, agora, à análise dos demais requisitos.

— 5.10.1 —
Dos fatos

Aqui, deve ser feito um resumo com os principais acontecimentos processuais que dão ensejo à impetração do *writ*. Salientamos que o ato ilegal de coação deve estar bem demonstrado e evidenciado (Knippel, 2019).

Sempre é bom lembrar que a correta descrição dos fatos relevantes serve como amparo para o desenvolvimento das teses no tópico seguinte e, por consequência, da formulação dos pedidos. Devemos sempre ter em mente que a peça é um todo coeso e orgânico!

— 5.10.2 —
Do direito

Nesse tópico, deve ser demonstrada a coação ilegal que o paciente está sofrendo ou em vias de sofrer. Quando possível, deve-se fazer referências à legislação, aos entendimentos jurisprudenciais e às súmulas (Knippel, 2019).

Ademais, em caso de pedido de liminar, deve o impetrante demonstrar os requisitos da fumaça do bom direito e do perigo na demora da prestação jurisdicional (Knippel, 2019).

— 5.10.3 —
Do pedido

O *habeas corpus* preventivo sempre terá como pedido a expedição, por parte da autoridade judicial, de salvo-conduto ao paciente. Dessarte, evita-se o constrangimento ilegal (Dezem et al., 2020).

Já no liberatório, ou repressivo, a coação ilícita já ocorreu. Importante asseverar que esta não ocorre somente pela prisão do paciente, mas também por atos de instauração de inquérito policial, recebimentos de peças acusatórias etc. (Dezem et al., 2020).

Diante de recebimento de denúncia ou de instauração de inquérito, o pleito deve ser para concessão da ordem para o trancamento destes. No caso de extinção da punibilidade, a concessão será para fins de reconhecimento da extinção da punibilidade. Por fim, quando se tratar de prisão ilegal, o pleito deve ser de relaxamento com a expedição de alvará de soltura ou contramandado, se o paciente ainda não estiver preso (Dezem et al., 2020).

Ressaltamos que, em caso de prisão que, a princípio, era legal e desde que os motivos não mais persistam, o pleito será de revogação da prisão com a expedição de alvará de soltura (Dezem et al., 2020).

— 5.11 —
Modelos

Enunciado

Em data de 20 de outubro de 2019, Pedro de Tal ofereceu, por meio de advogado com procuração com poderes específicos, queixa-crime contra Joana D'arc, brasileira, viúva aposentada, residente na Rua da Paz, 555, Piçarras, Santa Catarina, por ter cometido, em tese, os crimes de injúria, difamação e calúnia em concurso material. A queixa foi distribuída para a Vara Criminal de Piçarras e não estava instruída com qualquer elemento indiciário da autoria e da comprovação da materialidade. Na data de hoje, o magistrado exarou o seguinte despacho: "Tendo em vista a presença de indícios mínimos de autoria e materialidade, bem como as demais condições da ação, recebo a peça acusatória. Cite-se a ré para que, querendo, ofereça resposta à acusação".

A querelada vai ao seu escritório e solicita que você, como advogado, tome as devidas providências processuais para a extinção prematura do feito. Identifique-se como João Justo da Silva, OAB-SC 999.999, com escritório profissional na Rua Nereu Ramos, 120, Penha, Santa Catarina.

Análise do problema proposto

Apesar de a citação ter sido realizada para o oferecimento de resposta à acusação na forma dos arts. 396 e 396-A do CPP, a querelada deseja que o processo seja extinto prematuramente, ou seja, com urgência.

Consta no enunciado do problema que a queixa-crime não está instruída com qualquer elemento indiciário de autoria e materialidade, ou seja, falta-lhe justa causa. Dessa sorte, a defesa pode utilizar-se do *habeas corpus* como instrumento colateral de ataque. O fundamento legal é o art. 647 do CPP.

O impetrante será o advogado, a querelada será a paciente, e o juízo da Vara Criminal de Piçarras será a autoridade coatora. O endereçamento será para o Presidente do Tribunal de Justiça de Santa Catarina.

Modelo de peça de *habeas corpus*

EXCELENTÍSSIMO SENHOR DOUTOR DESEMBARGADOR PRESIDENTE DO TRIBUNAL DE JUSTIÇA DE SANTA CATARINA

João Justo da Silva, advogado inscrito na Ordem dos Advogados do Brasil – Santa Catarina sob o número 999.999, com escritório profissional na Rua Nereu Ramos, 120, Penha, Santa Catarina, vem, respeitosamente, à presença de Vossa Excelência, com fundamento no art. 5º, inciso LXVIII, da Constituição Federal de 1988 e no art. 648, inciso I, do Código de Processo Penal, impetrar ordem de:

HABEAS CORPUS

Em favor de Joana D'arc, brasileira, viúva, aposentada, portadora da cédula de identidade n. _____, residente na Rua da Paz, 555, Piçarras, Santa Catarina, contra ato ilegal praticado pelo Excelentíssimo Senhor Doutor Juiz de Direito da Vara

Criminal da Comarca de Piçarras pelas razões de fato e de direito adiante elencadas.

I – DOS FATOS

Em data de 20 de setembro de 2019, Pedro de Tal ofereceu queixa-crime em face da paciente, imputando-lhe a prática dos crimes de difamação, calúnia e injúria. Ocorre que a peça acusatória não estava acompanhada de qualquer documento que evidencie a materialidade e os indícios de autoria dos fatos imputados. Mesmo sem qualquer lastro probatório, o douto juiz da Vara Criminal de Piçarras recebeu a exordial acusatória e determinou a citação da paciente. Com o devido respeito, tal ato consiste em verdadeira coação ilegal, que merece ser reparada por este Egrégio Tribunal.

II – DO DIREITO

O art. 658, inciso I, do CPP possibilita a impetração do remédio heroico quando haja coação à liberdade de ir e vir sem justa causa. No presente caso, inexiste qualquer elemento de prova que demonstre a existência do ilícito penal, tampouco a autoria.

O direito de ação encontra limites nas denominadas condições da ação, sendo elas: a tipicidade aparente, a punibilidade em concreto, a legitimidade de partes e a justa causa. A última consiste nos indícios mínimos de autoria e materialidade delitiva.

A ausência de qualquer uma das ditas condições acarretará um processo que está fadado ao fracasso e, portanto, não pode sequer ser iniciado.

Não é sem razão que o art. 395, inciso III, do Código de Processo Penal dispõe que a inicial acusatória será rejeitada se ausente a justa causa, providência esta que deveria ter sido adotada no presente caso penal.

III – DO PEDIDO

Ante ao exposto, requer, depois de prestadas as informações pela autoridade coatora e da abertura de vista ao membro do Ministério Público Estadual de Santa Catarina, que seja concedida a ordem de *habeas corpus* para determinar o trancamento do processo penal que tramita perante a Vara Criminal de Piçarras.

Nestes termos,
pede deferimento.
Local e data.
JOSÉ JUSTO DA SILVA
OAB-SC 999.999

Capítulo 6

Relaxamento de prisão

O relaxamento é medida cabível em face de qualquer prisão que padeça de ilegalidade. Portanto, pode impugnar prisões temporárias, preventivas e em flagrante. Todavia, a prática forense privilegia o uso dessa peça para se insurgir contra vícios na prisão em flagrante delito (Pacelli, 2019).

Dessa forma, no presente capítulo, vamos tratar primeiramente dos aspectos processuais da prisão em flagrante e, posteriormente, da elaboração da peça de relaxamento. Questões atinentes à prisão preventiva serão tratadas no próximo capítulo.

— 6.1 —
Natureza jurídica e finalidade

A natureza jurídica da prisão em flagrante delito é tema que demanda muita controversa. Isso porque há autores que defendem sua natureza cautelar, enquanto outras vozes se erguem no sentido de que se trata de medida pré-cautelar.

Aqueles que defendem a cautelaridade da medida apontam que a apresentação do conduzido garante a produção de provas ao processo. Isso porque a detenção do conduzido, via de regra, no momento do cometimento do fato, em tese, delitivo, seria um instrumento a serviço do processo de conhecimento (Marcão, 2020; Pacelli, 2019).

De outra banda, existem aqueles que sustentam que a prisão em flagrante não serve para tutelar o processo. Isso em razão de o flagrante não ter força para manter o custodiado segregado por mais do que 24 horas. Se necessário, deverá ser convertido em prisão preventiva (Lopes Júnior, 2021b).

Em um Estado Democrático de Direito, a prisão sempre deve ser a exceção, e a Constituição Federal (CF) de 1988, em seu art. 5º, inciso LXI, preconiza que "ninguém será preso senão em flagrante delito ou por ordem escrita e fundamentada de autoridade judiciária competente, salvo nos casos de transgressão militar ou crime propriamente militar, definidos em lei". Dessarte, trata-se de única situação em que se pode prender alguém sem mandado judicial, qual seja, medida administrativa (Marcão, 2020).

Na atual ordem constitucional, não subsiste, portanto, a famigerada prisão para averiguações, que era tributária de um estado policialesco descompromissado com o respeito aos direitos e às liberdades individuais.

O flagrante é prisão administrativa, precária, que tem por finalidade colocar o conduzido à disposição da autoridade competente. Por vezes, faz cessar a conduta criminosa ou evita que produza a lesão ao bem jurídico penalmente tutelado (Lopes Júnior, 2021b).

— 6.2 —
Modalidades de flagrante

As hipóteses de prisão em flagrante vêm taxativamente previstas no art. 302 do Código de Processo Penal (CPP) – Decreto-Lei n. 3.689, de 3 de outubro de 1941, neste sentido:

> Art. 302. Considera-se em flagrante delito quem:
>
> I - está cometendo a infração penal;
>
> II - acaba de cometê-la;
>
> III - é perseguido, logo após, pela autoridade, pelo ofendido ou por qualquer pessoa, em situação que faça presumir ser autor da infração;
>
> IV - é encontrado, logo depois, com instrumentos, armas, objetos ou papéis que façam presumir ser ele autor da infração.

Como é possível notar, o artigo faz menção, em todos os incisos, à infração penal. Sobre infração penal, podemos afirmar que ela se divide em: (a) ação ou omissão; (b) tipicidade; (c) ilicitude; e (d) culpabilidade (Prado, 2017).

Para a constatação do flagrante, é necessário verificar, *a priori*, que a existe uma **ação ou omissão** típica, não importando a existência de causas excludentes de ilicitude ou de culpabilidade[1] (Avena, 2020).

Existem três visões possíveis acerca do juízo de **tipicidade**: o tipo formal, que se preocupa com a contrariedade da ação/omissão em relação ao ordenamento jurídico; o tipo injusto, que agrega, em breve síntiese, elementos atinentes à antijudicidade da conduta; e o tipo garantia, que tem a missão de concretizar a política criminal, dando especial atenção ao princípio da legalidade, ou seja, limita a atuação punitiva estatal (Santos, 2004).

Superada essa breve revisão sobre conceitos básicos do direito penal, passamos à análise das causas justificadoras da medida.

O **inciso I** do art. 302 do CPP dá suporte à detenção da pessoa que é flagrada realizando o verbo nuclear o tipo penal (Lopes Júnior, 2021b). Há, portanto, uma relação de imediatidade entre a conduta delitiva e a prisão (Pacelli, 2019).

Imaginemos, por exemplo, que Tício está desferindo tiros em Mélvio e, nesse momento, é surpreendido pela força policial que, visualizando a conduta, o detém em flagrante com fundamento no art. 302, inciso I, do CPP.

O **inciso II** prevê que cabe prisão em flagrante quando a prática da ação nuclear do tipo tiver cessado, mas a autoridade chegar imediatamente após. Há uma relação visual e inexiste lapso

---

[1] O autor entende que, excepcionalmente, quando a excludente de ilicitude for manifesta, não será caso de prisão em flagrante delito. Cita como exemplo um policial que, para salvar uma possível vítima de latrocínio, dispara um tiro no autor do crime e o mata. Nesse caso, não haveria a detenção, mas, por óbvio, deve haver o processo criminal para que se reconheça judicialmente a excludente vislumbrada (Avena, 2020).

temporal entre o fim da prática da conduta proibida e a prisão (Lopes Júnior, 2021b).

Aproveitando o exemplo anteriormente dado, imaginemos que a força policial chegue após a prática do crime e encontre Tício com a arma de fogo em suas mãos e Mélvio caído no chão em razão dos ferimentos. Ora, embora a autoridade não tenha presenciado o crime, não resta dúvidas de que existem fundamentos sólidos para que se chegue à conclusão de que Tício acabou de, em tese, praticar uma conduta delitiva. Portanto, é perfeitamente cabível a detenção em flagrante com fundamento no art. 302, inciso II, do CPP.

Cumpre aqui mencionar que as detenções pautadas nos dispositivos ora mencionados gozam de maior credibilidade. Há uma relação de visibilidade entre ao crime e a prisão em flagrante. Nessa toada, a doutrina do processo penal denomina essas situações de **flagrantes próprios** (Marcão, 2020).

O **inciso III** pressupõe que qualquer pessoa persiga aquele que a situação faça presumir que seja o autor do delito. O problema aqui é determinar o lapso temporal que a expressão "logo após" compreende. Sabemos, contudo, que é prazo exíguo (Marcão, 2020).

A perseguição não necessita ser visual, podendo, por pequeno espaço de tempo, realizar diligências. O conceito de perseguição vem estampado no art. 290 do CPP:

> Art. 290. Se o réu, sendo perseguido, passar ao território de outro município ou comarca, o executor poderá efetuar-lhe

a prisão no lugar onde o alcançar, apresentando-o imediatamente à autoridade local, que, depois de lavrado, se for o caso, o auto de flagrante, providenciará para a remoção do preso.

§ 1º Entender-se-á que o executor vai em perseguição do réu, quando:

a) tendo-o avistado, for perseguindo-o sem interrupção, embora depois o tenha perdido de vista;

b) sabendo, por indícios ou informações fidedignas, que o réu tenha passado, há pouco tempo, em tal ou qual direção, pelo lugar em que o procure, for no seu encalço.

§ 2º Quando as autoridades locais tiverem fundadas razões para duvidar da legitimidade da pessoa do executor ou da legalidade do mandado que apresentar, poderão pôr em custódia o réu, até que fique esclarecida a dúvida.

Suponhamos que uma agência bancária é roubada em determinada cidade e a polícia chega logo após, mas os autores já empreenderam fuga. Os policiais recebem, de forma rápida, as informações que identificam os prováveis autores e empreendem perseguição. Ao prendê-los, após perseguição, haverá ainda flagrante nos termos do inciso aqui estudado.

Portanto, não é necessário que se saiba o nome do perseguido, mas apenas as características que o identifiquem. Importante, ainda, consignar que se faz mister encontrar elementos que presumam o cometimento do delito (Lopes Júnior, 2021b). No exemplo dado, poderia ser o encontro do dinheiro roubado ou das armas do crime.

Relevante mencionar que a perseguição pode ocorrer por dias, não havendo um prazo para que se efetive o flagrante nesse caso. Dessarte, não encontra respaldo legal a posição disseminada no senso comum de que a detenção somente poderia efetivar-se durante o período de 24 horas (Lopes Júnior, 2021b).

Por fim, o **inciso IV** consiste no encontro daquele que se presuma ter cometido o crime. Aqui, não é necessária qualquer perseguição ou busca. Basta que, logo depois, seja encontrado o suposto autor com instrumentos, armas, objetos ou papéis que façam presumir a autoria delitiva (Pacelli, 2019).

Aproveitando o exemplo anterior, imaginemos que os policiais não persigam os supostos assaltantes, mas façam barreiras e, durante essa fiscalização, encontrem os suspeitos com armas do crime e dinheiro. Dessarte, há o flagrante com fulcro no inciso em comento.

Existe divergência doutrinária acerca da possibilidade do flagrante presumido quando o suspeito é encontrado em razão de outra fiscalização, por exemplo, uma *blitz* de trânsito.

Para alguns, seria impossível realizar o flagrante, pois não havia qualquer objetivo de encontrar o suspeito na aludida *blitz* (Lopes Júnior, 2021b). Outros defendem que o flagrante seria plenamente possível, eis que haveria todos os elementos consignados no dispositivo legal (Marcão, 2020).

Com o devido respeito à posição divergente, entendemos mais adequada a que permite a prisão em flagrante, com esteio no art. 302, inciso IV, do CPP, de suspeito que fora encontrado, logo depois do cometimento do crime, com elementos que façam presumir ser autor de delito.

É cabível a prisão preventiva em crimes culposos e crimes habituais[12]. Todavia, para os crimes habituais, será necessária a análise detida do caso concreto (Marcão, 2020). No mesmo sentido, é possível a prisão preventiva em crimes continuados e permanentes (Lopes Júnior, 2021b).

— 6.3 —
Classificações doutrinárias

A doutrina traz outras classificações relativas às prisões em flagrante. Vejamos:

- **Flagrante forjado**: Nessa situação, sequer existe o cometimento de crime. A autoridade policial introduz evidências do cometimento de uma infração penal para poder realizar a detenção do "flagrado". Trata-se de modalidade de flagrante ilícito e deve ser relaxado (Lopes Júnior, 2021b).
- **Flagrante preparado**: O agente policial instiga determinada pessoa a cometer um crime. Todavia, o crime seria impossível[13], já que, em momento algum, haveria o risco de lesão

---

2 Importante registrar que a posição não é pacífica. Na doutrina, há aqueles que entendem que os acusados de crimes culposos não podem ser detidos em flagrante em razão de tal prisão não poder ser convertida em preventiva (Avena, 2020). Na mesma esteira, há divergência acerca dos crimes habituais, que exigem a reiteração da conduta para sua configuração (Lopes Júnior, 2021b).

3 Código Penal: "Art. 17. Não se pune a tentativa quando, por ineficácia absoluta do meio ou por absoluta impropriedade do objeto, é impossível consumar-se o crime".

ao bem jurídico totalmente tutelado. Exemplo: o policial que instiga alguém a adquirir drogas para, posteriormente, revendê-las. Aqui, o bem jurídico jamais esteve em risco, logo, o flagrante é ilegal e deve ser relaxado[14] (Marcão, 2020). Vale ressaltar o teor da Súmula n. 145 do Supremo Tribunal Federal (STF): "Não há crime quando a preparação do flagrante pela polícia torna impossível a sua consumação". Nesse sentido, impõe-se a ilicitude do flagrante provocado/provocado.

- **Flagrante esperado**: É fruto da atividade de inteligência policial que, a partir das informações do cometimento de um crime, monta campana e surpreende os suspeitos. Imaginemos que, por meio de uma interceptação telefônica legalmente autorizada, descubra-se que haverá a entrega de um carregamento de drogas ilícitas em determinado local. Nesse caso, não há qualquer mácula ao flagrante (Lopes Júnior, 2021b).

---

4   Em sentido contrário Pacelli (2019) afirma que a tese de crime impossível não se adequa aos casos de flagrante preparado, eis que sempre há o risco de lesão ao bem jurídico. Ademais, a instigação do flagrado não exclui o dolo da ação. Portanto, defende a legalidade do flagrante preparado, desde que haja evidências preexistentes da atividade delitiva do infrator.

— 6.4 —
Procedimentos para a formalização do flagrante

Os procedimentos para a formalização do flagrante estão dispostos tanto no CPP quanto na CF/1988. Salientamos que a detenção é um momento em que os direitos fundamentais do conduzido deverão ter máxima eficácia, a fim de que se evitem abusos de autoridade. Conforme veremos adiante, o desrespeito a certas formalidades desse ato dá ensejo ao relaxamento de prisão.

— 6.4.1 —
Sujeitos do flagrante e suas peculiaridades

Na forma do art. 301 do CPP, qualquer um do povo pode e as autoridades devem prender quem se encontre em flagrante delito. Portanto, no primeiro caso, verifica-se a hipótese de flagrante facultativo, e no segundo, obrigatório (Marcão, 2020).

Quanto aos sujeitos passivos, é possível afirmar que, em regra, qualquer pessoa com mais de 18 anos pode ser presa em flagrante delito. Vale lembrar que os adolescentes não cometem crimes, mas atos infracionais, razão pela qual são submetidos a procedimento diverso do regido pelo Estatuto da Criança e do Adolescente – ECA (Avena, 2020).

Existem algumas pessoas que, por ocuparem cargos públicos – presidente da República, magistrados, membros do Ministério Público, diplomatas, membros do Congresso Nacional – ou funções públicas – advogados –, apresentam algumas singularidades no procedimento de flagrante. É certo que alguns deles sequer podem ser presos em flagrante delito (Avena, 2020). Em razão do objetivo desta obra, porém, estes não serão tratados pormenorizadamente.

Não será preso em flagrante o autor de crimes de menor potencial ofensivo[15], desde que o suspeito se comprometa a comparecer a todos os atos do processo. Dessarte, será lavrado somente o termo circunstanciado[16] (Marcão, 2020).

Da mesma forma, o Código de Trânsito Brasileiro (CNT) – Lei n. 9.503, de 23 de setembro de 1997[17] – impede que se imponha o flagrante ou se exija fiança ao condutor que venha a se envolver em acidente e preste socorro à vítima (Pacelli, 2019).

---

5   Lei n. 9.099/1995: "Art. 61. Consideram-se infrações penais de menor potencial ofensivo, para os efeitos desta Lei, as contravenções penais e os crimes a que a lei comine pena máxima não superior a 2 (dois) anos, cumulada ou não com multa".

6   Lei n. 9.099/1995: "Art. 69. A autoridade policial que tomar conhecimento da ocorrência lavrará termo circunstanciado e o encaminhará imediatamente ao Juizado, com o autor do fato e a vítima, providenciando-se as requisições dos exames periciais necessários. Parágrafo único. Ao autor do fato que, após a lavratura do termo, for imediatamente encaminhado ao juizado ou assumir o compromisso de a ele comparecer, não se imporá prisão em flagrante, nem se exigirá fiança. Em caso de violência doméstica, o juiz poderá determinar, como medida de cautela, seu afastamento do lar, domicílio ou local de convivência com a vítima".

7   Lei n. 9.503/1997: "Art. 301. Ao condutor de veículo, nos casos de acidentes de trânsito de que resulte vítima, não se imporá a prisão em flagrante, nem se exigirá fiança, se prestar pronto e integral socorro àquela".

A Lei n. 11.343, de 23 de agosto de 2006, em seu art. 48, parágrafo 2º, estabelece que não será imposta a prisão em flagrante àquele que praticar qualquer uma das condutas tipificadas no art. 28 da mesma lei[18], desde que este seja levado imediatamente ao Juízo ou, então, comprometa-se ao comparecimento, ocasião em que será lavrado termo circunstanciado (Avena, 2020).

Por fim, a apresentação espontânea obsta o flagrante, já que o art. 304 do CPP exige que o flagrado seja levado por alguém até a autoridade policial. Tal requisito resta ausente quando se apresenta por conta própria (Avena, 2020). Ademais, a prisão em flagrante ocorre para a colheita rápida de provas, e, nesse sentido, a apresentação já teria cumprido o objetivo do instituto (Marcão, 2020).

— 6.4.2 —
Flagrante e violação do domicílio

Questão bastante sensível é a prisão em flagrante no domicílio do flagrado. Isso porque a Constituição Federal, em seu art. 5º, inciso XI, assim preconiza: "a casa é asilo inviolável do indivíduo, ninguém nela podendo penetrar sem consentimento do morador, salvo em caso de flagrante delito ou desastre, para prestar socorro, ou, durante o dia, por determinação judicial".

---

8   Lei n. 11.343/2006: "Art. 28. Quem adquirir, guardar, tiver em depósito, transportar ou trouxer consigo, para consumo pessoal, drogas sem autorização ou em desacordo com determinação legal ou regulamentar será submetido às seguintes penas:"

A questão era delimitar quando seria possível adentrar na casa em razão de flagrante delito. Para pacificar o assunto, o STF entendeu que é necessária a justa causa para que se entre no domicílio do flagrado e lhe imponha o flagrante, não servindo como justificativas denúncias anônimas ou meras suspeitas (Avena, 2020).

— 6.4.3 —
Flagrante diferido ou retardado

Apesar de a doutrina tratar desse assunto juntamente às classificações do flagrante, entendemos que seja mais adequado, para os objetivos desta obra, abordá-lo com os procedimentos da prisão, pois se trata de disciplina legal sobre o tema.

A autorização legal para que agente policial postergue o flagrante, em caso de organizações criminosas, é prevista para que seja possível a maior colheita de provas. Tal modalidade de prisão vem estampada nos arts. 8º e 9º da Lei n. 12.850, de 2 de agosto de 2013 (Pacelli, 2019):

> Art. 8º Consiste a ação controlada em retardar a intervenção policial ou administrativa relativa à ação praticada por organização criminosa ou a ela vinculada, desde que mantida sob observação e acompanhamento para que a medida legal se concretize no momento mais eficaz à formação de provas e obtenção de informações.

§ 1º O retardamento da intervenção policial ou administrativa será previamente comunicado ao juiz competente que, se for o caso, estabelecerá os seus limites e comunicará ao Ministério Público.

§ 2º A comunicação será sigilosamente distribuída de forma a não conter informações que possam indicar a operação a ser efetuada.

§ 3º Até o encerramento da diligência, o acesso aos autos será restrito ao juiz, ao Ministério Público e ao delegado de polícia, como forma de garantir o êxito das investigações.

§ 4º Ao término da diligência, elaborar-se-á auto circunstanciado acerca da ação controlada.

Art. 9º Se a ação controlada envolver transposição de fronteiras, o retardamento da intervenção policial ou administrativa somente poderá ocorrer com a cooperação das autoridades dos países que figurem como provável itinerário ou destino do investigado, de modo a reduzir os riscos de fuga e extravio do produto, objeto, instrumento ou proveito do crime.

Dessa forma, uma vez cientificados o juiz e o Ministério Público, o policial pode prorrogar a realização da detenção em flagrante, o que se justifica na complexidade das investigações (Marcão, 2020).

Há posições no sentido de que o flagrante retardado não se trata de nova modalidade de prisão em flagrante, pois, quando se efetua a prisão, as infrações passadas já não se subsumem aos requisitos do art. 302 do CPP. Consiste, em verdade, na autorização legal para que a autoridade policial e seus agentes deixem de realizar a detenção em flagrante em nome da eficácia das investigações (Badaró, 2014).

— 6.4.4 —
Formalização do flagrante

O procedimento para a lavratura do auto de prisão em flagrante vem previsto no CPP nos seguintes termos:

> Art. 304. Apresentado o preso à autoridade competente, ouvirá esta o condutor e colherá, desde logo, sua assinatura, entregando a este cópia do termo e recibo de entrega do preso. Em seguida, procederá à oitiva das testemunhas que o acompanharem e ao interrogatório do acusado sobre a imputação que lhe é feita, colhendo, após cada oitiva suas respectivas assinaturas, lavrando, a autoridade, afinal, o auto.
>
> § 1º Resultando das respostas fundada a suspeita contra o conduzido, a autoridade mandará recolhê-lo à prisão, exceto no caso de livrar-se solto ou de prestar fiança, e prosseguirá nos atos do inquérito ou processo, se para isso for competente; se não o for, enviará os autos à autoridade que o seja.
>
> § 2º A falta de testemunhas da infração não impedirá o auto de prisão em flagrante; mas, nesse caso, com o condutor, deverão assiná-lo pelo menos duas pessoas que hajam testemunhado a apresentação do preso à autoridade.
>
> § 3º Quando o acusado se recusar a assinar, não souber ou não puder fazê-lo, o auto de prisão em flagrante será assinado

por duas testemunhas, que tenham ouvido sua leitura na presença deste.

§ 4º Da lavratura do auto de prisão em flagrante deverá constar a informação sobre a existência de filhos, respectivas idades e se possuem alguma deficiência e o nome e o contato de eventual responsável pelos cuidados dos filhos, indicado pela pessoa presa.

O conduzido deve, desde logo, ser cientificado de seus direitos constitucionais, entre eles o de permanecer calado, ser assistido por advogado e ser cientificado acerca da identidade de quem realizou a prisão (Avena, 2020).

Deve-se, ainda, comunicar a detenção à família do conduzido ou a quem ele indicar. Dá-se ciência, no prazo de 24 horas, ao magistrado e ao Ministério Público (Avena, 2020)

Inicia-se o procedimento com a apresentação à autoridade competente, que é, em regra, o delegado de Polícia Cívil ou da Polícia Federal. Ouvem-se, então, o condutor e as testemunhas, que devem ser mantidas em separado (Marcão, 2020).

Qualquer pessoa pode ser testemunha, devendo ser ouvidas ao menos duas. Caso não haja testemunhas do fato, devem haver duas testemunhas que atestem a apresentação do conduzido (Marcão, 2020).

Caso possível, também deve ser tomado o depoimento da vítima. Em seguida, passa-se ao interrogatório do flagrado. Caso haja a indicação de defensor, este deve participar do ato, podendo aconselhar seu assistido e fazer-lhe reperguntas (Avena, 2020).

É direito do advogado assistir ao seu cliente em atos da investigação, inclusive no interrogatório, sob pena de nulidade absoluta do depoimento e de todos os atos dele subsequentes e derivados direta ou indiretamente (art. 7º, XXI, da Lei n. 8.906/1994).

Ressaltamos que é garantido o auxílio por defensor técnico ao conduzido. Todavia, caso este opte pelo não exercício de tal direito, não há de se falar em nulidade alguma (Avena, 2020).

Terminadas as oitivas, deve ser lavrado o auto de prisão em flagrante e tomada a assinatura do conduzido. Caso haja a impossibilidade, ou recusa, de assinatura por parte do preso, o auto de flagrante será assinado por duas testemunhas que tiverem ouvido seu conteúdo (Avena, 2020).

A consequência do flagrante é o recolhimento do conduzido à prisão, salvo se a autoridade puder, desde logo, arbitrar fiança e comunicar as autoridades competentes no prazo de 24 horas (Pacelli, 2019).

Cabe rememorar que, na forma do art. 322 do CPP, o delegado de Polícia poderá conceder fiança quando o crime imputado for punido com pena privativa de liberdade de até 4 anos (Marcão, 2020).

Por fim, no prazo de 24 horas, deve ser entregue ao preso a **Nota de Culpa**, contendo a imputação e os nomes do condutor e das testemunhas (art. 306 do CPP).

De suma importância consignar que a assinatura, pelo preso, do documento ora mencionado não importa em confissão. É, ao contrário, a materialização das garantias do conduzido, pois este sabe exatamente a razão pela qual está preso e quem a efetuou. O recibo de tal documento deve ser encaminhado juntamente ao auto da prisão em flagrante (Avena, 2020).

Recebidos os autos de flagrante, deve a autoridade judicial realizar a audiência de custódia, que tem como principal objetivo verficar se a prisão foi realizada de acordo com as normas aplicáveis à espécie. Dessarte, é necessária a participação tanto do Ministério Público quanto da defesa, que poderão, ao final e nesta ordem, fazer perguntas ao conduzido (Marcão, 2020).

Ao final da referida audiência, o magistrado pode homologar a prisão determinando, desde que haja pleito ministerial, a conversão em prisão preventiva ou temporária, ou a liberdade provisória, com ou sem fiança ou medida cautelar diversa da prisão (Lopes Júnior, 2021b).

O relaxamento da prisão em flagrante não impede que, se presentes os pressupostos, seja decretada a prisão cautelar do acusado. Ademais, também não obsta que haja continuidade das investigações sobre a suposta infração penal (Avena, 2020).

A ata da audiência deveria ser juntada aos autos[19], e a decisão não faz coisa julgada, mesmo que tenha afirmado a atipicidade da conduta (Pacelli, 2019).

---

9   A audiência deve ser gravada em mídia digital e, na ata, devem constar somente a identificação do flagrado e a decisão do magistrado, a fim de evitar contaminação do julgador do caso penal em caso de instauração do processo penal (Lopes Júnior, 2021b).

— 6.5 —
Relaxamento da prisão em flagrante

Está previsto no art. 5º, inciso LXV, da CF/1988: "a prisão ilegal será imediatamente relaxada pela autoridade judiciária". A consequência jurídica da providência em comento é a restituição plena da liberdade do preso. Aplica-se, como já dito, a todas as espécies de prisões eivadas de ilegalidade (Pacelli, 2019).

A prisão em flagrante pode ser relaxada em razão de inexistência do flagrante, ausência da entrega da nota de culpa, abuso do uso de algemas durante a captura do preso, entre outras. Cumpre mencionar que meros equívocos não obstam a homologação do flagrante (Avena, 2020; Pacelli, 2019; Marcão, 2020).

Para parte da doutrina, quando existirem evidências de que o ato foi cometido sob o albergue de alguma excludente de ilicitude, deve o magistrado relaxar o flagrante. Isso porque não se pode falar em *crime* quando não há antijuridicidade e, portanto, também não se pode falar em *flagrante legal* (Marcão, 2020).

— 6.6 —
Peça processual

O relaxamento da prisão em flagrante deve ser requerido em petição única. A fundamentação jurídica é o art. 310, inciso I, do CPP, combinado com o art. 5º, inciso LXV, da CF/1988 (Knippel, 2019).

A petição deve ser endereçada ao juízo competente para homologar o flagrante e processar o caso penal. Ressaltamos que **sempre** será para uma autoridade judiciária. Deve ser observado se se está diante da prisão de alguma autoridade com prerrogativa de foro, hipótese em que a petição deverá ser endereçada ao tribunal competente para julgá-lo.

— 6.6.1 —
Dos fatos

Deve-se consignar, com objetividade e clareza, a situação fática que deu ensejo à prisão. Por exemplo, a data e o local em que esta ocorreu, bem como o suporte fático que deu ensejo à prisão.

Interessante também consignar as ilegalidades, que serão abordadas no próximo tópico. Exemplos: o preso não recebeu a nota de culpa; apesar de sua apresentação espontânea, foi preso; as substâncias encontradas no armário do requerente foram lá inseridas pelo mesmo policial que lhe deu voz de prisão etc.

— 6.6.2 —
Do direito

Devem ser relatadas as teses jurídicas que dão suporte ao requerimento de relaxamento da prisão em flagrante. Um bom exemplo é a ausência de observação das formalidades estampadas no art. 304 do CPP ou, então, a inexistência de flagrante por este ser forjado ou preparado, ou por haver apresentação espontânea, ou por ser o crime de menor potencial ofensivo, entre outras. Deve haver menção e destaque de legislação e jurisprudência (Knippel, 2019).

— 6.6.3 —
Do pedido

O pedido deve ser decorrente da lógica das teses contempladas na petição. No caso em tela, será requerido o relaxamento da prisão em flagrante com a expedição de alvará de soltura em favor do requerente (Avena, 2020).

— 6.7 —
Modelos

Enunciado
Luis Cláudio de Tal, às 9h do dia 12 de março de 2021, foi preso em flagrante delito pela prática, em tese, do crime de furto, tipificado no art. 155 do Código Penal. Conforme se colhe no depoimento do condutor e das testemunhas, o preso trabalhava no estabelecimento da vítima. Esta deixou R$ 500,00 (quinhentos reais) fora do cofre para verificar se o empregado era de confiança. Tudo estava sendo gravado por câmeras do estabelecimento, e, logo ao pegar o numerário, o dono do estabelecimento deu voz de prisão em flagrante e o conduziu à delegacia.

As gravações foram acostadas ao flagrante. O conduzido foi interrogado e restou silente. Não lhe foi entregue a nota de culpa. Os autos de flagrante foram encaminhados para a Vara Criminal da Comarca de Campo Largo (PR) e, até o momento, não foi homologado pelo juiz competente.

Na condição de advogado do preso, apresente, à exceção de *habeas corpus*, a peça processual cabível.

Modelo de peça de relaxamento de prisão

EXCELENTÍSSIMO SENHOR DOUTOR JUIZ DE DIREITO DA VARA CRIMINAL DA COMARCA DE CAMPO LARGO – ESTADO DO PARANÁ

Luis Cláudio de Tal, estado civil _____, profissão _____, portador da cédula de identidade _____, residente na rua _____, atualmente custodiado na _____ neste ato representado por seu advogado _____, regularmente inscrito na Ordem dos Advogados do Brasil sob o número _____, com endereço comercial na rua _____, procuração em anexo, vem, respeitosamente, à presença de Vossa Excelência, com fulcro no art. 310, inciso I, do CPP e no art. 5º, inciso LXV, da Constituição Federal, requerer **RELAXAMENTO DE FLAGRANTE** pelos motivos de fato e de direito a seguir elencados.

I – DOS FATOS

Em 12 de março de 2021, às 9:00 hrs, o requerente foi preso em flagrante por ter cometido, em tese, o crime de furto. Segundo consta nos autos de flagrante, a vítima, que é empregador do preso, deixou R$ 500,00 (quinhentos) reais para fora do cofre a fim de testar a sua confiabilidade.

Ao guardar o valor, o flagranteado recebeu voz de prisão e foi encaminhado à autoridade policial. Foram ouvidas testemunhas e juntadas gravações. Até o presente momento, o requerente não recebeu a nota de culpa.

II – DO DIREITO

O art. 5º, inciso LXV, da Constituição Federal é claro quando preconiza que a prisão ilegal deve ser relaxada pela autoridade judicial. É o que acontece no presente caso!

a) Do flagrante preparado

A Súmula n. 145 do Supremo Tribual Federal é clara ao estabelecer que não haverá a imposição de prisão em flagrante quando houver sua preparação e o crime for impossível.

Como se colhe nos depoimentos destes autos, a vítima preparou o flagrante. Veja-se que deixou o dinheiro fora do cofre para testar a confiabilidade do requerente. Ademais, ficou todo o tempo a vigiá-lo, o que torna o crime impossível. O bem jurídico tutelado jamais esteve em risco.

Dessarte, impõe-se o relaxamento da prisão em flagrante.

b) Da irregularidade formal

O parágrafo 2º do art. 306 do CPP preconiza que, no prazo de 24 horas, a contar da prisão, deve ser entregue ao preso nota de culpa. Nesta deve conter o nome do condutor, das testemunhas e o motivo da prisão. O documento deve ser assinado pela autoridade e entregue mediante recibo.

No caso em exame, até a presente data, o requerente não recebeu a nota de culpa. Tal procedimento é essencial para a regularidade da prisão. Sua inobservância eiva o procedimento de nulidade. É, portanto, medida de rigor seu relaxamento.

III – Do pedido

Ante o exposto, requer-se o recebimento da presente peça e o relaxamento da prisão em flagrante, eis que eivada de nulidades, com a consequente expedição de alvará de soltura.

Nestes termos,
pede deferimento.
Local e Data
ADVOGADO
OAB/XX XX.XXX

Capítulo 7

Revogação de prisão preventiva

A revogação de prisão preventiva tem como objetivo pôr em liberdade o acusado/investigado que se encontra preso cautelarmente. Dessa forma, antes de adentrar nos requisitos da peça, vale abordar os requisitos legais e fáticos para que se decrete essa medida judicial.

— 7.1 —
Natureza jurídica

A prisão preventiva, que pode ser decretada em qualquer fase da investigação criminal ou do processo, tem natureza cautelar, eis que visa garantir o resultado útil do processo ou, ainda, acautelar a sociedade (Avena, 2020).

De acordo com o art. 311 do Código de Processo Penal (CPP) – Decreto-Lei n. 3.689, de 3 de outubro de 1941 –, a preventiva pode ser decretada pelo Juízo mediante requerimento do Ministério Público, do querelante ou do assistente de acusação. Importante ressaltar que, em homenagem ao princípio acusatório, o magistrado não pode determinar essa medida sem a devida provocação (Lopes Júnior, 2021b).

Em razão da presunção de inocência, alçada como direito fundamental na Constituição Federal (CF) de 1988, a prisão antes do trânsito em julgado da decisão é medida excepcional, que só cabe quando, além de presentes a fumaça do cometimento do crime e o perigo da liberdade, as demais medidas cautelares do art. 319 do CPP não são suficientes para se acautelar o processo[1] (Avena, 2020).

— 7.2 —
Fundamentos da prisão preventiva

As causas capazes de dar ensejo à prisão processual em apreço estão previstas no art. 312 do CPP, que assim dispõe sobre o tema:

> Art. 312. A prisão preventiva poderá ser decretada como garantia da ordem pública, da ordem econômica, por conveniência da instrução criminal ou para assegurar a aplicação da lei penal, quando houver prova da existência do crime e indício suficiente de autoria e de perigo gerado pelo estado de liberdade do imputado.

Da leitura do artigo ora transcrito, é possível averiguar que os motivos que embasam a decretação da segregação cautelar constituem matéria de fato. Portanto, nos autos, devem existir elementos suficientes para a análise do magistrado.

Os dois primeiros pressupostos a serem valorados são a prova da existência de um crime e os indícios de autoria. Não é possível

---

1 CPP: "Art. 282. [...]. § 6º A prisão preventiva somente será determinada quando não for cabível a sua substituição por outra medida cautelar, observado o art. 319 deste Código, e o não cabimento da substituição por outra medida cautelar deverá ser justificado de forma fundamentada nos elementos presentes do caso concreto, de forma individualizada".

decretar qualquer medida cautelar pessoal se não houver alto grau de verossimilhança da prática de um delito (Avena, 2020).

Importante consignar que os indícios de autoria devem ser mais fortes do que aqueles que deram suporte ao recebimento da peça acusatória. Por óbvio que não se exige a certeza sobre ela. Isso somente ocorrerá por ocasião da prolação de sentença (Lopes Júnior, 2021b).

Ademais, no que concerne à aparência do cometimento de um ilícito penal, não poderão estar presentes evidências de que o acusado praticou o ato albergado em causas excludentes de ilicitude ou culpabilidade. Isso porque não estaria presente a fumaça do cometimento do delito e, portanto, haveria o prognóstico de absolvição (Lopes Júnior, 2021b).

Estando presente o *fummus comissi delicti*, resta analisar se existe o *periculum libertatis*, que também está descrito no art. 312 do CPP. Vejamos a seguir.

A **garantia da ordem pública** visa evitar a intranquilidade social causada pela liberdade do acusado em crimes marcados pela gravidade (Avena, 2020).

O termo *ordem pública* é vago e pode justificar o controle social. Nesse sentido, deveriam estar claras, no diploma processual, as causas que dão suporte à segregação cautelar (Pacelli, 2019).

Não é sem razão que, em virtude da anemia normativa, Lopes Júnior (2021b) afirma que a maioria das segregações cautelares são decretadas pautadas nesse fundamento, que é maleável e de difícil refutação.

Dessa forma, é necessário fazer uma leitura restritiva dessa hipótese de prisão preventiva. Considera-se, portanto, que atenta contra a "ordem pública" a liberdade de um acusado que tenha cometido um crime marcado pela barbárie e com alta probabilidade de cometer outros delitos (Pacelli, 2019).

Há de se assinalar que a gravidade do crime estará intrinsecamente ligada à forma de sua execução, ou seja, ao sofrimento desnecessário que causa à vítima, ou, ainda, à periculosidade da ação para a coletividade (Pacelli, 2019).

Não constitui causa para a decretação da cautelar para garantir a ordem pública, por si só, o clamor popular, a repercussão midática do crime e a consequente indignação popular. O aceite desses pressupostos fáticos como hábeis à restrição do direito fundamental à liberdade fere o princípio da presunção de inocência (Marcão, 2020; Pacelli, 2019).

A **ordem econômica** também se demonstra inadequada, pois, em última análise, é um desdobramento do fundamento "ordem pública". Ademais, afirma-se que, nesses casos, seria mais efetiva a decretação de medidas cautelares patrimoniais. Essa providência trará tranquilidade social e garantia de reparação dos danos[2] (Pacelli, 2019).

A prisão para garantir a ordem econômica seria cabível quando houvesse cometimento de crimes que afetem o mercado

---

2   O art. 30 da Lei n. 7.492/1986 estabelece que a prisão preventiva será determinada em razão da magnitude da lesão: "Art. 30. Sem prejuízo do disposto no art. 312 do Código de Processo Penal, aprovado pelo Decreto-Lei nº 3.689, de 3 de outubro de 1941, a prisão preventiva do acusado da prática de crime previsto nesta lei poderá ser decretada em razão da magnitude da lesão causada".

relevante, a livre iniciativa e a concorrência, entre eles: (a) crimes contra a economia popular; (b) crimes do colarinho branco; (c) crimes do Código de Defesa do Consumidor (CDC); (d) crimes contra a ordem econômica e tributária; e (e) crimes de lavagem de dinheiro (Avena, 2020).

Também, não basta a mera tipificação da conduta como crime econômico, faz-se necessária a intranquilidade social (Avena, 2020). Portanto, substancialmente, não apresenta diferença com o fundamento de garantir a ordem pública (Pacelli, 2019).

A **conveniênca da instrução criminal** está vinculada à tutela da produção da prova. Estaria o acusado indevidamente atuando de modo a prejudicar a obtenção de provas documentais, ameaçando testemunhas ou tentando subornar peritos. Portanto, o caráter cautelar dessa medida resta evidenciado (Lopes Júnior, 2021b).

Por óbvio que as atuações defensivas, albergadas pelo devido processo legal, para retardar marcha processual não terão o condão de justificar a prisão preventiva. Na mesma esteira, a conveniência da instrução não consiste em comodidade para instrução, portanto, não estão autorizadas segregações para que o imputado compareça à audiência de instrução (Pacelli, 2019).

A motivação para a manutenção da prisão em razão da produção da prova se esgota ao findar-se a intrução criminal. Dessarte, se não houver outro motivo que embase a prisão cautelar, esta deve ser revogada ao teor do art. 316 do CPP (Marcão, 2020).

A prisão para **assegurar a aplicação da lei penal** visa garantir o resultado útil do processo. Em outras palavras, deve ser utilizada quando há evidente risco de fuga do imputado (Marcão, 2020).

O risco deve ser concreto e a decisão não pode estar pautada em ilações e projeções do magistrado. É elemento essencial da decisão a demonstração, no caso concreto, dos elementos de convicção do julgador (Lopes Júnior, 2021b).

São exemplos concretos de indícios de fuga: a venda de bens imóveis por parte do acusado, a rescisão de contrato de locação e o pedido de demissão (Marcão, 2020). Da mesma forma, a fuga para evitar o flagrante também consiste em motivo idôneo para a decretação da medida cautelar (Avena, 2020).

— 7.3 —
Permissões legais

Demonstrados os requisitos cautelares, o *fummus comissi delicti* e o *periculum libertatis*, que consistem em evidências do cometimento de um delito e um dos fundamentos contidos no art. 312 do CPP (Avena, 2020), cumpre analisarmos as hipóteses de cabimento dessa medida segregatória, conforme prevê o art. 313 do CPP:

> Art. 313. Nos termos do art. 312 deste Código, será admitida a decretação da prisão preventiva:

I – nos crimes dolosos punidos com pena privativa de liberdade máxima superior a 4 (quatro) anos;

II – se tiver sido condenado por outro crime doloso, em sentença transitada em julgado, ressalvado o disposto no inciso I do caput do art. 64 do Decreto-Lei nº 2.848, de 7 de dezembro de 1940 – Código Penal;

III – se o crime envolver violência doméstica e familiar contra a mulher, criança, adolescente, idoso, enfermo ou pessoa com deficiência, para garantir a execução das medidas protetivas de urgência;

IV – (revogado).

§ 1º Também será admitida a prisão preventiva quando houver dúvida sobre a identidade civil da pessoa ou quando esta não fornecer elementos suficientes para esclarecê-la, devendo o preso ser colocado imediatamente em liberdade após a identificação, salvo se outra hipótese recomendar a manutenção da medida.

§ 2º Não será admitida a decretação da prisão preventiva com a finalidade de antecipação de cumprimento de pena ou como decorrência imediata de investigação criminal ou da apresentação ou recebimento de denúncia.

O **inciso I** desse dispositivo limita, em razão da proporcionalidade, a segregação cautelar, que somente pode ser decretada diante de suspeita de cometimento de crimes dolosos com a cominação de pena máxima em abstrato superior a 4 anos (Lopes Júnior, 2021b).

Quando houver concurso formal próprio ou crime continuado, a fração aplicada, em abstrato, para determinar a possibilidade da prisão será a maior. O mesmo raciocínio se aplica ao concurso formal imprório e material, uma vez que se somam as penas máximas dos crimes imputados. Noutro prisma, as causas de redução de pena serão levadas a efeito em sua fração mínima. Eventuais agravantes e atenuantes não são levados a efeitos para este fim, eis que não têm o condão de alterar os limites do *quantum* da sanção criminal imposta no caso concreto (Avena, 2020).

O **inciso II** autoriza a decretação da prisão processual em caso de reincidência[13] do acusado. Trata-se de verdadeira afronta ao princípio da presunção de inocência, razão pela qual deve ser empregada hermenêutica sistemática, segundo a qual somente pode ser decretada a preventiva em caso da presença concomitante do *fummus comissi delicti* e do *periculum libertatis* (Lopes Júnior, 2021b).

O **inciso III** prevê a possibilidade de determinação da prisão cautelar para que seja cumprida medida protetiva em favor de pessoas vulneráveis no contexto de coabitação, ou seja, a já conhecida violência doméstica (Lopes Júnior, 2021b).

---

3   Código Penal: "Art. 63. Verifica-se a reincidência quando o agente comete novo crime, depois de transitar em julgado a sentença que, no País ou no estrangeiro, o tenha condenado por crime anterior. Art. 64. Para efeito de reincidência: I – não prevalece a condenação anterior, se entre a data do cumprimento ou extinção da pena e a infração posterior tiver decorrido período de tempo superior a 5 (cinco) anos, computado o período de prova da suspensão ou do livramento condicional, se não ocorrer revogação; II – não se consideram os crimes militares próprios e políticos".

Trata-se de inciso genérico que autoriza a prisão preventiva em crimes cuja pena, prevista em abstrato, não ultrapasse 4 anos. Deve o julgador verificar a presença dos requisitos cautelares, bem como a existência dos requisitos autorizadores do art. 312 do CPP (Avena, 2020).

Quanto à existência de medidas protetivas deferidas, há de se ressaltar que estas podem ser determinadas conjuntamente com prisão processual. Em outras palavras, não há a necessidade que estejam previamente deferidas (Avena, 2020).

Na mesma esteira, o art. 312, parágrafo 1º, do CPP autoriza a segregação do imputado na hipótese de existirem fundadas dúvidas acerca de sua identidade ou se não houver elementos suficientes para a identificação. Uma vez superado tal problema, deve o custodiado ser posto em liberdade, salvo se existir outro motivo para permanecer sob a custódia provisória (Lopes Júnior, 2021b).

Vale asseverar que o civilmente identificado não será submetido à identificação criminal. Esta consiste na identificação fotográfica, datiloscópia e genética. A última necessitará de ordem do Poder Judiciário. Contudo, haverá causas em que a identificação será de interesse da própria defesa, como no caso em que o crime foi cometido com documentos falsos que levaram à falsa conclusão de que a pessoa presa, e agora identificada, foi a autora (Lopes Júnior, 2021b).

Por fim o parágrafo 2º do referido artigo veda a prisão como antecipação da pena, fazendo com que haja maior rigor na fundamentação do magistrado que decretar a medida cautelar. Digna de nota é a inadmissibilidade de prisão automática em razão do início das investigações criminais ou do recebimento da peça acusatória (Lopes Júnior, 2021b).

— 7.4 —
Fundamentação da decisão

Os requisitos para as decisões interlocutórias no processo penal estão previstos na redação do art. 315 do CPP:

> Art. 315. A decisão que decretar, substituir ou denegar a prisão preventiva será sempre motivada e fundamentada.
>
> § 1º Na motivação da decretação da prisão preventiva ou de qualquer outra cautelar, o juiz deverá indicar concretamente a existência de fatos novos ou contemporâneos que justifiquem a aplicação da medida adotada.
>
> § 2º Não se considera fundamentada qualquer decisão judicial, seja ela interlocutória, sentença ou acórdão, que:
>
> I – limitar-se à indicação, à reprodução ou à paráfrase de ato normativo, sem explicar sua relação com a causa ou a questão decidida;
>
> II – empregar conceitos jurídicos indeterminados, sem explicar o motivo concreto de sua incidência no caso;
>
> III – invocar motivos que se prestariam a justificar qualquer outra decisão;

IV – não enfrentar todos os argumentos deduzidos no processo capazes de, em tese, infirmar a conclusão adotada pelo julgador;

V – limitar-se a invocar precedente ou enunciado de súmula, sem identificar seus fundamentos determinantes nem demonstrar que o caso sob julgamento se ajusta àqueles fundamentos;

VI – deixar de seguir enunciado de súmula, jurisprudência ou precedente invocado pela parte, sem demonstrar a existência de distinção no caso em julgamento ou a superação do entendimento.

O presente artigo impõe uma significativa melhora no que consiste à argumentação da decisão. Esta deve enfrentar concretamente as questões fáticas que lhe dão suporte e as questões jurídicas alegadas pelas partes (Lopes Júnior, 2021b).

No que tange aos fatos, o magistrado deve apontar os pressupostos de sua decisão. Exemplificando: no caso de decretação para a garantia da ordem pública, deve indicar de forma precisa quais os fatos que levam a crer que o imputado voltará a cometer crimes. No mesmo sentido, quando se tratar de cautelar para assegurar a aplicação da lei penal, o magistrado deve demonstrar o real risco de fuga (Lopes Júnior, 2021b).

Ponto interessante a ser apontado é a necessidade de fundamentação concreta acerca da inadequação da aplicação das medidas do art. 319 do CPP, ou seja, das cautelares diversas à prisão (Lopes Júnior, 2021b).

Deve-se demonstrar, ainda, que o perigo da liberdade de custódia é contemporâneo à decisão segregatória (Avena, 2020).

No que tange à argumentação jurídica, deve o magistrado enfrentar os precedentes trazidos pelas partes. Entende-se por *precedentes* as decisões retiradas dos tribunais, as dadas em controle de constitucionalidade concentrado e, também, sob o regime de repercursão geral. Dessa forma, havendo sua invocação, deve o julgador demonstrar a adequação ou inadequação do caso concreto ao comando jurídico (Lopes Júnior, 2021b).

Quanto à necessidade de enfrentar todos os argumentos trazidos pelas partes, é interessante assinalar que a decisão deverá, tão somente, demonstrar quais razões levaram o magistrado a decidir. Assim, é desnecessário rebater todos os argumentos trazidos (Avena, 2020).

Caso não haja fundamentação suficiente, a decisão deve, ao teor do art. 564, inciso V, do CPP, ser declarada nula, havendo, portanto, coação ilegal em face do custodiado (Lopes Júnior, 2021b).

— 7.5 —

Revogação da preventiva

Para impugnar a prisão preventiva ilegal, que é aquela decretada sem a existência de fundamentos fáticos e jurídicos, é cabível o pleito de relaxamento. Todavia, quando os requisitos estavam presentes na decretação, mas desapareceram durante a tramitação do feito, o pleito será de revogação (Marcão, 2020).

O instituto em apreço é previsto no art. 316 do CPP:

> Art. 316. O juiz poderá, de ofício ou a pedido das partes, revogar a prisão preventiva se, no correr da investigação ou do processo, verificar a falta de motivo para que ela subsista, bem como novamente decretá-la, se sobrevierem razões que a justifiquem.
>
> Parágrafo único. Decretada a prisão preventiva, deverá o órgão emissor da decisão revisar a necessidade de sua manutenção a cada 90 (noventa) dias, mediante decisão fundamentada, de ofício, sob pena de tornar a prisão ilegal.

De início, cumpre asseverar que, embora o *caput* do artigo utilize o verbo *poder*, a revogação da preventiva é providência obrigatória do magistrado. Sua manutenção, quando da não mais existência dos pressupostos autorizadores, consiste em verdadeira antecipação da pena, o que é vedado pelo ordenamento jurídico pátrio (Avena, 2020).

É lícito concluir que, não havendo mais a probabilidade do cometimento da infração penal ou qualquer um dos pressupostos do *periculum libertatis*, deve a defesa requerer a revogação da prisão cautelar. Imaginemos o caso de segregação decretada com fins de garantir a instrução criminal, uma vez que esta se finde, deve-se postular sua revogação, conforme o art. 316 do CPP.

Salutar a inovação trazida pelo parágrafo único do artigo em comento, que estabelece a necessidade de a prisão preventiva ser motivadamente reavaliada a cada 90 dias (Avena, 2020). Tal fato tem como objetivo impedir as prisões processuais que se prolongam injustificadamente no tempo. Vale sempre lembrar que a segregação preventiva não tem prazo determinado, portanto, está intrinsecamente ligada aos motivos que lhe ensejam (Avena, 2020).

— 7.6 —
Peça processual

A revogação da prisão preventiva é única e deve ser dividida em três tópicos, a saber: (1) fatos; (2) direito; e (3) pedido (Knippel, 2019).

A petição deverá ser endereçada ao juízo de primeiro grau; portanto, ao juízo processante.

— 7.6.1 —
Dos fatos

Nos fatos, devem ser narrados os principais acontecimentos que levem à conlusão de que a prisão preventiva deve ser revogada. É preciso alinhar a descrição fática com o desaparecimento dos pressupostos cautelares.

— 7.6.2 —
Do direito

Na argumentação jurídica, deve o peticionário inferir que não mais subsistem os motivos autorizadores da preventiva, os quais vêm estampados no art. 312 do CPP, quais sejam, o *fummus comissi delicti*, a garantia da aplicação da lei penal, a conveniência da instrução criminal e as garantias da ordem pública e da ordem econômica.

Deve, ainda, ser trazido à baila o disposto no art. 316 do CPP, evidenciando que, ausentes os pressupostos ora delineados, deve a segregação preventiva ser revogada.

— 7.6.3 —
Do pedido

Ao final da petição, deve constar requerimento para que, após a oitiva do Ministério Público, seja revogada a prisão preventiva com a consequente:

- expedição de alvará de soltura em tendo sido cumprido o mandado de prisão; ou
- no caso de a prisão ainda não ter sido efetivada, deve ser requerida a expedição de contramandado (Knippel, 2019).

Por não se tratar de recurso, não há de se falar em *prazo para protocolo*. Em caso de indeferimento, a decisão pode ser impugnada mediante o manejo de ação constitucional autônoma denominada *habeas corpus* (Knippel, 2019).

— 7.7 —
Modelos

Enunciado

Cristiano de Tal, brasileiro, solteiro, desempregado, está sendo processado por ter cometido, em tese, o crime tipificado no art. 157 do Código Penal, qual seja, roubo. O Ministério Público, no decorrer do processo, representou pela prisão preventiva do acusado, eis que este teria ameaçado, durante o inquérito, a suposta vítima. O juízo deferiu o pleito com base na conveniência da instrução criminal prevista no art. 312 do CPP. O mandado de prisão foi devidamente cumprido. A audiência de instrução foi designada, todavia, algumas testemunhas não compareceram. As partes insistiram na oitiva das testemunhas faltantes, de modo que, no ato processual em comento, somente foi ouvida a vítima e duas testemunhas arroladas pela acusação. A vítima, durante seu depoimento, informou que não se recorda de, durante o inquérito, ter sido ameaçada pelo acusado. Terminado o ato, em razão da pauta, a continuação da audiência foi designada para um ano e meio a contar da primeira audiência. O feito está tramitando perante a 2ª Vara Criminal de Porto Alegre (RS).

Na condição de advogado de Cristiano de Tal, apresente a peça que atenda aos interesses do cliente.

Modelo de peça de revogação de prisão preventiva

EXCELENTÍSSIMO SENHOR DOUTOR JUIZ DE DIREITO DA 2ª VARA CRIMINAL DA COMARCA DE PORTO ALEGRE – ESTADO DO RIO GRANDE DO SUL

Cristiano de Tal, brasileiro, solteiro, desempregado, portador da cédula de identidade _____, residente e domiciliado na rua _____, neste ato representado por seu advogado, vem, com o devido respeito, à presença de Vossa Excelência, com fundamento no art. 316 do Código de Processo Penal, requerer a **REVOGAÇÃO DE PRISÃO PREVENTIVA** em razão dos fundamentos de fato e de direito a seguir demonstrados.

I – DOS FATOS

O requerente responde perante este douto juízo processo criminal visando apurar a suposta prática do crime de roubo, que é tipificado no art. 157 do Código de Processo Penal.

Durante o regular trâmite processual, o Ministério Público representou pela prisão preventiva do requerente. O pleito foi pautado em supostas ameaças, perpetradas durante o inquérito policial, feitas pelo requerente à vítima. A medida fora determinada em razão da conveniência da instrução criminal por este Juízo.

Ocorre que, na realização da audiência de instrução, a vítima afirma que não se recorda de qualquer ameaça sofrida. Ademais, o ato não pode ser finalizado na mesma data, razão pela qual o ato foi redesignado.

II – DO DIREITO

O art. 312 do Código de Processo Penal permite a decretação de prisão preventiva para a conveniência da instrução criminal. Entende-se que a tutela de produção da prova é motivo hábil para a decretação da segregação preventiva.

Todavia, o art. 316 do mesmo diploma legal estabelece que a prisão preventiva somente será justificável enquanto perdurarem os motivos ensejadores, e, uma vez que estes não mais estiverem presentes, a medida deve ser revogada.

No caso em apreço, como se colhe no depoimento da própria vítima, não há evidências de ameaças feitas, tampouco de turbar a produção da prova. Dessarte, não há mais de se falar em *periculum libertatis*.

Nessa toada, é medida de rigor revogar a prisão preventiva decretada em face do requerente.

III – DO PEDIDO

Ante ao exposto, requer-se, após a oitiva do Ministério Público, a revogação da prisão preventiva, com a consequente expedição de alvará de soltura.

Nestes termos,
pede deferimento.
Porto Alegre, data.
ADVOGADO
OAB/XX XX.XXX

Capítulo 8

*Decisões judiciais:
sentença e acórdão*

A sentença é o momento em que a prestação judicial atinge seu auge, ocasião em que o Poder Judiciário julga definitivamente a pretensão deduzida pela acusação no processo. Quando a decisão for proferida por juiz singular, ter-se-á uma sentença; já se a decisão for prolatada por órgão colegiado, ou seja, tribunais de Justiça, regionais federais, eleitorais e cortes superiores, haverá um acórdão (Marcão, 2020).

A legitimação da decisão judicial se verifica pela sua instrumentalidade constitucional, eis que deve respeitar o devido processo legal e ser marcada pelo respeito aos direitos fundamentais do imputado. Dessa forma, a correta fundamentação limita o poder punitivo do Estado e torna-se verdadeira garantia fundamental do cidadão (Lopes Júnior, 2021a).

No momento da sentença, o julgador deve dar sentido à legislação penal, bem como às provas carreadas no processo. Dessarte, deve escolher sua versão dos fatos e absolver ou condenar o acusado. É possível também declarar extinta a punibilidade (Lopes Júnior, 2021a).

Nunca é demais lembrar que deve haver a fundamentação de acordo com as normas do art. 315 do Código de Processo Penal (CPP) – Decreto-Lei n. 3.689, de 3 de outubro de 1941 –, já abordado no capítulo anterior. Em outras palavras, o magistrado deve analisar todas as matérias de fato e de direito alegadas pelas partes (Lopes Júnior, 2021a).

Apesar das disposições legais, é cediço na jurisprudência dominante e na doutrina que basta ao julgador demonstrar as razões de seu convencimento e afastar implicitamente os argumentos levantados pelas partes. Entende-se, portanto, que não se faz necessária uma análise individualizada das teses lançadas, mas que seja possível a compreensão dos motivos determinantes da decisão para que se possa recorrer (Avena, 2020).

A sentença/acórdão esgota a instância, ou seja, uma vez prolatada, não é mais possível que o Poder Judiciário revise, naquela instância, seu conteúdo, salvo em caso de oposição de embargos de declaração ou de correção de meros erros materiais (Avena, 2020).

Não havendo recurso interposto da decisão ou, ainda, recurso cabível, esta transitará em julgado, formando, assim, a coisa julgada. Essa é uma qualidade da decisão, que pode ser **formal** e/ou **material**. Aquela consiste no esgotamento da discussão sobre o caso penal em um processo. Esta, que pressupõe aquela, é o óbice à rediscussão do caso penal em qualquer outro processo (Pacelli, 2019; Marcão, 2020).

A coisa julgada abarca toda a realidade histórica que diz respeito ao crime, ou seja, o caso penal não pode ser rediscutido mesmo que haja mudança da qualificação jurídica a ele dado (Pacelli, 2019).

No que tange aos limites subjetivos da *res judicata*, somente serão atingidos pela decisão aqueles que figurarem como réus no processo. Exceção a essa regra é a decisão de absolvição que reconhece a inexistência do fato, ocasião em que não se poderá processar outrem, ou seja, a decisão afetará terceiros (Marcão, 2020).

Exemplificando a exceção consignada: imaginemos que tramitou processo criminal contra **A** pela prática, em tese, de crime de roubo, e **A** foi absolvido em razão de ter ficado provada a inexistência do fato. Ora, seria ilógico que **B** fosse, posteriormente, processado pelo mesmo fato, que, de acordo com a decisão judicial, sequer existiu.

Vale ressaltar que a decisão condenatória pode ser rescindida a qualquer tempo mediante ação de revisão criminal; já a sentença absolutória jamais pode ser revisada, razão pela qual é denominada *coisa julgada soberana* (Marcão, 2020).

— 8.1 —
Decisão absolutória

Como já explanado, a sentença pode ser condenatória ou absolutória. Os motivos de absolvição vêm estampados no art. 386 do CPP:

> Art. 386. O juiz absolverá o réu, mencionando a causa na parte dispositiva, desde que reconheça:
>
> I – estar provada a inexistência do fato;
>
> II – não haver prova da existência do fato;
>
> III – não constituir o fato infração penal;
>
> IV – estar provado que o réu não concorreu para a infração penal;
>
> V – não existir prova de ter o réu concorrido para a infração penal;

VI – existirem circunstâncias que excluam o crime ou isentem o réu de pena (arts. 20, 21, 22, 23, 26 e § 1º do art. 28, todos do Código Penal), ou mesmo se houver fundada dúvida sobre sua existência;

VII – não existir prova suficiente para a condenação.

Parágrafo único. Na sentença absolutória, o juiz:

I – mandará, se for o caso, pôr o réu em liberdade;

II – ordenará a cessação das medidas cautelares e provisoriamente aplicadas;

III – aplicará medida de segurança, se cabível.

O acusado será absolvido com fundamento no **inciso I**, nas hipóteses em que restar comprovada a inexistência do fato tido como criminoso. Dessa forma, não há de se falar em possibilidade de se propor ação reparatória na esfera cível, ou seja, os efeitos da coisa julgada se espraiarão para o cível (Avena, 2020). Aqui, a decisão expressa um juízo de certeza.

O **inciso II** preconiza que o réu será absolvido quando não houver provas suficientes da ocorrência do fato (Marcão, 2020). Os efeitos da coisa julgada não se estendem para a esfera cível (Avena, 2020). Aqui, inexiste um juízo de certeza. O julgador se encontra em uma situação nebulosa acerca do reconhecimento da existência do fato criminoso, razão pela qual é imperiosa a absolvição. Todavia, a vítima não pode ser prejudicada na esfera da responsabilização civil.

Quando provado o fato, bem como a autoria, mas este não constituir crime, a absolvição será com supedâneo no **inciso III** do artigo em comento. Nesse caso, é possível o aforamento de ação reparatória na seara cível (Marcão, 2020). Lembramos que o art. 935 do Código Civil – Lei n. 10.406, de 10 de janeiro de 2002 – preconiza que a responsabilidade civil é independente da criminal[1].

O **inciso IV** preconiza que se impõe a absolvição quando reste comprovada a conduta delitiva, mas, noutro giro, haja comprovação de que o acusado não tenha concorrido nem como autor quanto nem como partícipe (Marcão, 2020). Por óbvio, afasta-se a responsabilidade civil (Pacelli, 2019).

Noutro vértice, o **inciso V** do artigo em comento estabelece que, não comprovada a participação do acusado no fato criminoso, a absolvição se impõe. Uma vez que a decisão é pautada na incerteza, não transborda seus efeitos para a esfera cível (Avena, 2020).

O **inciso VI** dispõe que o réu deve ser absolvido em caso de estarem presentes as excludentes de ilicitude ou de culpabilidade. Não afasta a responsabilidade de indenizar terceiros atingidos pela conduta (Avena, 2020).

Merecem destaque as advertências de Marcão (2020) no que tange à possibilidade de absolvição do acusado em caso de fundada suspeita sobre a existência das causas elencadas

---

1 Código Civil: "Art. 935. A responsabilidade civil é independente da criminal, não se podendo questionar mais sobre a existência do fato, ou sobre quem seja o seu autor, quando estas questões se acharem decididas no juízo criminal".

no parágrafo anterior. Para referido autor, seria ônus da defesa comprovar, com certeza, a existência das causas referidas.

Com o devido respeito, não podemos concordar com a posição ora mencionada, uma vez que há uma incorreta leitura do processo penal sob as lentes da teoria geral do processo. Nunca é demais lembrar que, em homenagem à regra constitucional da presunção de inocência, para que possa haver condenação, a acusação deve provar a salvo de dúvidas o cometimento de um delito, que é uma conduta típica, antijurídica e culpável. Portanto, havendo dúvida fundada acerca da existência das duas últimas, a absolvição é medida que se impõe!

Por fim, o **inciso VII** é fruto da má técnica legislativa, eis que há dificuldades para atribuir-lhe um sentido lógico. Para Marcão (2020), a absolvição se dá pela inexistência de provas para a condenação quando não houver concomitantemente provas de autoria e do fato criminoso.

Já para Avena (2020), trata-se de uma hipótese residual de absolvição, que é empregada quando o conjunto probatório é marcado pela fragilidade. Por estar pautada na dúvida, ou seja, na falta de êxito da acusação em provar o alegado, não gera reflexos na esfera cível.

É efeito da decisão absolutória a imediata soltura do acusado, caso esteja preso, bem como o levantamento de todas as cautelares pessoais e medidas de sequestro de bens do absolvido. Insta ressaltar que eventual recurso de apelação criminal não será dotado de efeito suspensivo (Avena, 2020).

— 8.2 —
Sentença condenatória

Sobre sentença condenatória, é salutar trazer o disposto no art. 387 do CPP:

> Art. 387. O juiz, ao proferir sentença condenatória:
>
> I – mencionará as circunstâncias agravantes ou atenuantes definidas no Código Penal, e cuja existência reconhecer;
>
> II – mencionará as outras circunstâncias apuradas e tudo o mais que deva ser levado em conta na aplicação da pena, de acordo com o disposto nos arts. 59 e 60 do Decreto-Lei nº 2.848, de 7 de dezembro de 1940 – Código Penal;
>
> III – aplicará as penas de acordo com essas conclusões;
>
> IV – fixará valor mínimo para reparação dos danos causados pela infração, considerando os prejuízos sofridos pelo ofendido;
>
> V – atenderá, quanto à aplicação provisória de interdições de direitos e medidas de segurança, ao disposto no Título XI deste Livro;
>
> VI – determinará se a sentença deverá ser publicada na íntegra ou em resumo e designará o jornal em que será feita a publicação (art. 73, § 1º, do Código Penal);
>
> § 1º O juiz decidirá, fundamentadamente, sobre a manutenção ou, se for o caso, a imposição de prisão preventiva ou de outra medida cautelar, sem prejuízo do conhecimento de apelação que vier a ser interposta.

§ 2º O tempo de prisão provisória, de prisão administrativa ou de internação, no Brasil ou no estrangeiro, será computado para fins de determinação do regime inicial de pena privativa de liberdade.

A sentença acusatória é aquela que julga procedente o pedido de condenação deduzido na inicial acusatória (Avena, 2020). Dessa forma, após o magistrado se convencer da existência do crime, da autoria, da tipicidade, da antijuridicidade e da culpabilidade, deverá condenar o réu (Marcão, 2020).

Deve o julgador, para fins de imposição da pena, ponderar as circunstâncias judiciais, as agravantes, as atenuantes, os critérios individualizadores da sanção criminal, o regime inicial, a substituição por pena restritiva de direito e a suspensão condicional da pena (Marcão, 2020).

Merece especial atenção o **inciso IV**, que prevê a fixação, em sentença condenatória, de valor mínimo para reparar os danos causados pelo crime. O entendimento majoritário da doutrina e da jurisprudência é o de que o Ministério Público é legitimado para requerer a reparação dos danos, bem como que esta ocorrerá somente em relação aos valores concernentes aos danos materiais. Portanto, não é necessário realizar a instrução acerca do montante devido (Pacelli, 2019).

Ressaltamos que o Superior Tribunal de Justiça (STJ) tem entendimento consolidado no sentido de que é possível a fixação de reparação por danos morais, desde que haja requerimento e sem instrução probatória, em processos que tenham como objeto crimes cometidos no contexto de violência doméstica contra a mulher:

> RECURSO ESPECIAL. PENAL E PROCESSUAL PENAL. VIOLÊNCIA DOMÉSTICA. VIAS DE FATO. DANO MORAL. VALOR MÍNIMO PARA A REPARAÇÃO CIVIL. DANO MORAL IN RE IPSA. MENOSPREZO À DIGNIDADE DA MULHER. MERO ABORRECIMENTO. NÃO OCORRÊNCIA. POSTERIOR RECONCILIAÇÃO. IRRELEVâNCIA. EXECUÇÃO DO TÍTULO. OPÇÃO DA VÍTIMA. RECURSO ESPECIAL PROVIDO.
>
> 1. A Terceira Seção do Superior Tribunal de Justiça, no julgamento do Recurso Especial Repetitivo nº 1.675.874/MS, fixou a compreensão de que a prática de violência doméstica e familiar contra a mulher implica a ocorrência de dano moral in re ipsa, de modo que, uma vez comprovada a prática delitiva, é desnecessária maior discussão sobre a efetiva comprovação do dano para a fixação de valor indenizatório mínimo.
>
> 2. A Corte estadual, apesar de manter a condenação do Recorrido pela conduta de agredir sua companheira com socos no peito e no braço, afastou a fixação de valor mínimo para reparação dos danos causados, sob o argumento de que o fato não passou de mero aborrecimento na vida da vítima, sem produzir abalo psicológico ou ofensa a atributo da personalidade.
>
> 3. A atitude de violência doméstica e familiar contra a mulher está naturalmente imbuída de desonra, descrédito e menosprezo à dignidade e ao valor da mulher como pessoa. Desse modo, mostra-se necessário o restabelecimento do valor fixado pelo Juízo de origem como montante mínimo para a reparação dos danos causados pela infração.

4. A posterior reconciliação entre a vítima e o agressor não é fundamento suficiente para afastar a necessidade de fixação do valor mínimo previsto no art. 387, inciso IV, do Código de Processo Penal, seja porque não há previsão legal nesse sentido, seja porque compete à própria vítima decidir se irá promover a execução ou não do título executivo, sendo vedado ao Poder Judiciário omitir-se na aplicação da legislação processual penal que determina a fixação de valor mínimo em favor da vítima.

5. Recurso especial provido para restabelecer o valor mínimo de reparação dos danos causados pela infração, determinando-se ao Tribunal de origem que prossiga no julgamento da apelação defensiva quanto ao pleito subsidiário de redução do *quantum* fixado na sentença. (STJ, REsp n. 1819504/MS, Rel. Min. Laurita Vaz, Sexta Turma, julgado em 10/09/2019, DJe de 30/09/2019)

Como é possível notar, a jurisprudência do STJ consagrou o entendimento de que, nos casos de violência doméstica, é considerado inerente à agressão, razão pela qual seu *quantum* mínimo pode ser fixado na seara criminal.

Caso o condenado esteja preso preventivamente, deve o período de segregação ser computado para fins de fixação de regime inicial (Pacelli, 2019). Há vozes na doutrina que afirmam que a detração somente pode ser feita em sede de decisão condenatória se, do cômputo do tempo, houver mudança do regime a ser definido (Avena, 2020).

Ainda no caso de o condenado estar preso, deve o magistrado fundamentar a necessidade de manutenção da segregação cautelar. Lembramos que o motivo deve ser contemporâneo à decisão (Pacelli, 2019).

Salientamos que inexiste execução antecipada da pena privativa de liberdade. A atual redação do art. 492 do CPP a prevê para os crimes de competência do Tribunal do Júri em que a condenação seja maior do que 15 anos. Todavia, a tendência é que o Supremo Tribunal Federal (STF) decrete sua inconstitucionalidade (Avena, 2020).

Questão interessante é a previsão contida no art. 385 do CPP, segundo o qual, mesmo com o pedido de absolvição por parte do Ministério Público, em sede alegações finais, pode o julgador condenar o acusado, além de reconhecer agravantes mesmo que nenhuma tenha sido alegada.

Fundamenta-se tal possibilidade na livre apreciação da prova pelo órgão do Poder Judiciário responsável pelo julgamento do caso penal. Dessa forma, poderia o magistrado, mesmo com o pleito absolutório do acusador, proferir sentença condenatória (Marcão, 2020).

Tal artigo não subsiste a uma filtragem constitucional, eis que vai de encontro aos princípios acusatórios e da imparcialidade. Quando o juiz condena sem o requerimento do Ministério Público, não há como o imputado se manifestar acerca dos argumentos levados a efeito no decreto condenatório, dessarte, não há dialeticidade processual (Lopes Júnior, 2021a).

De toda sorte, eventuais agravantes que constituam situações fáticas não poderão ser reconhecidas se não tiverem sido expressamente debatidas durante o processo criminal (Marcão, 2020).

Ademais, se o acusador pleiteia a absolvição, não há o exercício da pretensão acusatória em sua plenitude. Dessa feita, ao prolatar sentença condenatória, o magistrado ocupará o posto do acusador, quebrando a imparcialidade inerente à função de juiz (Lopes Júnior, 2021a).

Na ação penal privada, não há esse problema, pois, se o querelante apresentar suas alegações finais sem o pedido de condenação do querelado, haverá a extinção da punibilidade em virtude da perempção (Marcão, 2020).

— 8.3 —
Correlação entre acusação e sentença

No processo penal, como regra, o pedido deduzido é genérico, ou seja, de condenação ou de absolvição. Dessarte, cabe à parte autora tão somente delimitar o fato que se submete ao crivo judicial. O julgador pode dar aos fatos classificação jurídica que lhe pareça adequada (Pacelli, 2019).

Desse modo, a peça acusatória dá os contornos do fato que será objeto do debate e, por consequência, da decisão. A sentença não pode exceder os limites dos fatos imputados ao réu, sob pena de haver decisão **ultra petita** (Marcão, 2020).

Sendo necessária a adequação entre fato e tipo penal, será lançado mão da **emendatio libelli**, prevista no art. 383 do CPP:

> Art. 383. O juiz, sem modificar a descrição do fato contida na denúncia ou queixa, poderá atribuir-lhe definição jurídica diversa, ainda que, em consequência, tenha de aplicar pena mais grave.
>
> § 1º Se, em consequência de definição jurídica diversa, houver possibilidade de proposta de suspensão condicional do processo, o juiz procederá de acordo com o disposto na lei.
>
> § 2º Tratando-se de infração da competência de outro juízo, a este serão encaminhados os autos.

Para a doutrina dominante e a jurisprudência consolidada, as partes não precisam se manifestar, eis que somente trata de definição jurídica. Soma-se a esse argumento o de que o réu se defende dos fatos, e não do direito (Marcão, 2020).

Noutro giro, e com maior razão, há vozes na doutrina que sustentam a necessidade de abrir vista às partes quando houver a demanda de nova classificação jurídica do fato. Argumenta-se que o acusado também se defende dos contornos normativos do tipo penal que lhe é imputado (Lopes Júnior, 2021a).

Se, da nova qualificação jurídica, houver descolamento da incompetência, o magistrado deve encaminhar os autos ao juiz natural. Tal regra não deve ser aplicada quando se tratar de incompetência relativa, pois esta foi prorrogada (Pacelli, 2019).

No caso de averiguação de novo fato durante a instrução processual, haverá a ***mutatio libelli***, que está prevista no art. 384 do CPP:

> Art. 384. Encerrada a instrução probatória, se entender cabível nova definição jurídica do fato, em consequência de prova existente nos autos de elemento ou circunstância da infração penal não contida na acusação, o Ministério Público deverá aditar a denúncia ou queixa, no prazo de 5 (cinco) dias, se em virtude desta houver sido instaurado o processo em crime de ação pública, reduzindo-se a termo o aditamento, quando feito oralmente.
>
> § 1º Não procedendo o órgão do Ministério Público ao aditamento, aplica-se o art. 28 deste Código.
>
> § 2º Ouvido o defensor do acusado no prazo de 5 (cinco) dias e admitido o aditamento, o juiz, a requerimento de qualquer das partes, designará dia e hora para continuação da audiência, com inquirição de testemunhas, novo interrogatório do acusado, realização de debates e julgamento.
>
> § 3º Aplicam-se as disposições dos §§ 1º e 2º do art. 383 ao caput deste artigo.
>
> § 4º Havendo aditamento, cada parte poderá arrolar até 3 (três) testemunhas, no prazo de 5 (cinco) dias, ficando o juiz, na sentença, adstrito aos termos do aditamento.
>
> § 5º Não recebido o aditamento, o processo prosseguirá.

Portanto, o novo fato somente pode ser apreciado pelo Poder Judiciário em caso de aditamento da acusação por parte do Ministério Público (Pacelli, 2019).

Nesse caso, há de se abrir vista à defesa, uma vez que a decisão sem a realização do aditamento e da manifestação defensiva enseja nulidade absoluta da sentença em razão do julgamento para além do objeto do processo (Marcão, 2020).

É de suma importância asseverar que, ao contrário da *emendatio libelli*, não é possível aplicar o instituto em estudo em julgamentos realizados por órgãos recursais – isso porque haveria clara supressão de instância. Nesse sentido é a Súmula n. 453 do STF: "não se aplicam à segunda instancia do art. 384 e parágrafo único do Código de Processo Penal, que possibilitam dar nova definição jurídica ao fato delituoso, em virtude de circunstância elementar não contida, explicita ou implicitamente, na denúncia ou queixa".

Por óbvio que os temas tratados nesta seção comportam maior aprofundamento teórico, uma vez que, em alguns pontos, mostram-se controversos. Contudo, para a finalidade desta obra, consideramos que já foram abordados de forma suficiente.

— 8.4 —
Requisitos da sentença

Os requisitos da sentença vêm estampados no art. 381 do CPP:

> Art. 381. A sentença conterá:
>
> I – os nomes das partes ou, quando não possível, as indicações necessárias para identificá-las;
>
> II – a exposição sucinta da acusação e da defesa;
>
> III – a indicação dos motivos de fato e de direito em que se fundar a decisão;
>
> IV – a indicação dos artigos de lei aplicados;
>
> V – o dispositivo;
>
> VI – a data e a assinatura do juiz.

Passamos, a seguir, a analisar os requisitos ora estampados.

— 8.4.1 —
Relatório

Deve conter as principais ocorrências do processo, expondo as teses mais relevantes trazidas tanto pela acusação quanto pela defesa (Avena, 2020). Há de se constar, também, os nomes das partes. A ausência do nome do acusado pode dar ensejo à declaração da nulidade da decisão (Marcão, 2020). Não dá causa à nulidade a ausência do nome da vítima quando não for assistente de acusação, e, por óbvio, nas ações penais de iniciativa pública, não será necessário constar o nome do representante do *parquet*, que age em nome do órgão (Avena, 2020).

Salvo nos juizados especiais criminais, em que o relatório é facultativo, sua ausência é causa de nulidade da decisão proferida no processo criminal (Avena, 2020).

— 8.4.2 —
Motivação ou fundamentação jurídica

Na forma do art. 93, inciso IX, da Constituição Federal (CF) de 1988, impõe-se o ônus da argumentação e da fundamentação jurídica a todas as decisões judiciais. No plano infraconstitucional, essa obrigação vem estampada nos incisos III e IV do art. 381 do CPP (Avena, 2020).

A devida fundamentação é garantia de todos os jurisdicionados, eis que, nesse momento, o Poder Judiciário presta contas à sociedade de suas decisões tomadas. Por meio de uma correta argumentação, é possível que a parte que sucumbe possa interpor os recursos cabíveis (Marcão, 2020).

Vale lembrar que o art. 315 do CPP impõe verdadeiro padrão de qualidade na argumentação tecida em decisões judiciais, incluindo a sentença. Deve o magistrado analisar as matérias de fato e direito trazidas pelas partes (Lopes Júnior, 2021a).

A eleição dos significados dados às matérias de direito deve respeitar os limites hermenêuticos constitucionais. Ademais, quando se tratar de aplicação de precedentes, não bastará a simples referência. É preciso, assim, demonstrar-se a adequação do caso julgado ao posicionamento jurisprudencial consignado na sentença (Lopes Júnior, 2021a).

Salientamos que é posicionamento dominante na doutrina e na jurisprudência que a fundamentação na decisão não necessita ser exaustiva. Basta demonstrar as razões de convencimento do julgador. Na mesma esteira, as teses trazidas pelas partes não precisam ser individualmente rebatidas, basta que sejam afastadas, mesmo que de forma implícita (Marcão, 2020).

Não podemos concordar com o posicionamento dominante, uma vez que todas as teses capazes de influenciar a decisão judicial devem ser debatidas e analisadas na sentença, de forma a justificar seu acolhimento ou não. É uma consequência lógica do contraditório e da ampla defesa e da garantia da jurisdição.

Demonstrando as razões de decidir e a escolha do significado do direito posto e do conjunto probatório, deve o magistrado opinar pela absolvição ou pela condenação do imputado. Fará isso na parte dispositiva da decisão.

— 8.4.3 —
Dispositivo

No dispositivo da decisão, o julgador acolherá ou não a pretensão acusatória do Ministério Público ou do querelante. Caso absolva o imputado, deve haver a menção ao inciso do art. 386 do CPP, que lhe dá fundamento (Pacelli, 2019).

No caso de absolvição, se preso estiver, o acusado deve ser posto em liberdade, e todas as medidas cautelares pessoais e medidas patrimoniais devem ser levantadas (Marcão, 2020). Ressaltamos que, mesmo que haja recurso para impugnar a decisão, reestabelece-se em plenitude o estado de inocência. Dessarte, não há *fummus comissi delicti* para a manutenção de qualquer medida restritiva.

Em se tratando de sentença condenatória, deve constar expressamente o tipo penal em que o condenado incorreu. A falta de sua menção eiva a manifestação judicial de nulidade absoluta (Avena, 2020).

Na sentença condenatória, o magistrado deve fixar o *quantum* da sanção criminal, o regime inical de cumprimento da pena, a substituição da pena privativa de liberdade por restritiva de direitos e eventual suspensão da pena (Marcão, 2020).

Com esteio no art. 387, inciso IV, do CPP, o magistrado pode fixar valor mínimo para indenização de prejuízos sofridos pela vítima em virtude do comentimento do crime (Pacelli, 2019).

Após a decisão, deve o magistrado autenticar a sentença com local, data e assinatura. A sentença pode ser proferida oralmente em audiência. Nesse caso, a autenticação deve ser feita com a assinatura da ata de realização do ato processual (Marcão, 2020).

— 8.5 —
Modelos

Enunciado

Você é juiz da Vara Criminal da Comarca de Olinda e na data de hoje é concluso ao seu gabinete o Processo Criminal 0015/2020, em que Pedro de Tal, brasileiro, solteiro, soldador, portador da cédula de identidade _____, residente na rua _____, foi acusado pelo crime de roubo praticado em face de Joana Vítima. A denúncia foi apresentada e devidamente recebida por este juízo. Existem no inquérito elementos de informações suficientes que demonstravam a justa causa para a propositura da ação penal. Em audiência de instrução, a vítima afirmou que a pessoa que cometeu o roubo tinha características físicas diversas da do réu. Os policiais militares Antonio e Cristiano, que fizeram a prisão do imputado, deram depoimentos divergentes. Antonio afirmou que havia evidências suficientes que levaravam a crer que Pedro havia sido o autor, e que a vítima estava nervosa no momento do crime e, por isso, não se lembrava das características físicas do acusado. Já Cristiano afirmou que não se lembrava muito bem do dia da prisão do réu. Alegações finais apresentadas por escrito pelas partes. O Ministério Público pugnou pela condenação do acusado; já a defesa afirmou que inexiste prova idônea da materialidade delitiva.

Sabendo que o processo tramitou regularmente e que o acusado respondeu ao feito em liberdade, elabore sentença resolvendo o caso penal.

Modelo de sentença

Autos: 0015/2020
Autor: Ministério Público do Estado de Pernambuco
Réu: Pedro de Tal

I – RELATÓRIO
Trata-se de processo criminal que imputa a Pedro de Tal, brasileiro, solteiro, soldador, portador da cédula de identidade _____, residente e domiciliado na rua _____, foi denunciado pela prática do crime de roubo, tipificado no art. 157 do Código Penal, em face da Joana Vítima.

A inicial acusatória foi recebida por este Juízo.

Realizadas audiência e instrução, foram ouvidas a vítima e duas testemunhas.

Alegações finais por memoriais. O Ministério Público pugnou pela condenação do acusado. Já a defesa pleiteou a absolvição em razão de não ter sido comprovada a existência do fato criminoso.

Os autos vieram para a prolação de sentença.

É o relatório.

II – FUNDAMENTAÇÃO

Inexistindo alegações de nulidade, passo à análise do mérito do caso penal.

Em audiência de instrução, a vítima afirma que as características físicas do autor do crime são diversas da do ora imputado. O policial militar Antonio, contudo, sustenta que tem certeza sobre a autoria do delito, imputando-a ao réu.

Cristiano, também policial militar, afirmou em juízo que não se lembra de detalhes acerca do fato objeto do presente feito.

Os efeitos do princípio da presunção de inocência devem espraiar-se para o momento da avaliação da prova produzida no processo criminal. Dessarte, apesar de haver indícios de autoria e materialidade que justificassem o recebimento da exordial acusatória, atualmente, não há como afirmar, para além da dúvida razoável, que o imputado tenha cometido o ilícito penal. O Ministério Público não se desincumbiu, portanto, de seu ônus probatório.

No caso concreto, a absolvição é medida que se impõe!

III – DISPOSITIVO

Ante ao exposto, julgo improcedente o pedido de condenação formulado pelo Ministério Público e, ao teor do art. 386, inciso V, do Código de Processo Penal, absolvo o réu.

Publique-se, registre-se e intime-se
Olinda, data.
JUIZ DE DIREITO

Considerações finais

Nosso objetivo, nesta obra, foi analisar as principais peças apresentadas em segunda instância no processo penal. Abordamos, também, expedientes que buscam garantir a liberdade provisória do impugado, bem como as petições iniciais de ações de impugnação autônomas.

Dessa feita, em cada capítulo, foi realizada uma revisão teórica dos principais aspectos procedimentais que dizem respeito à interposição/apresentação das peças. Da mesma forma, alguns ritos importantes foram tratados.

Com base nos conceitos traçados nas abordagens teóricas, reunimos, ao final dos capítulos, os principais requisitos das peças processuais e consignamos um exemplo prático.

Referências

AVENA, N. **Processo penal**. 12. ed. São Paulo: Forense, 2020.

BADARÓ, G. **Processo penal**. 2. ed. Rio de Janeiro: Elsevier, 2014.

BITENCOURT, C. R. **Tratado de direito penal**: parte geral. 26. ed. São Paulo: Saraiva, 2020. v. 1.

BRASIL. Constituição (1988). **Diário Oficial da União**, Brasília, DF, 5 out. 1988. Disponível em: <http://www.planalto.gov.br/ccivil_03/constituicao/constituicao.htm>. Acesso em: 7 ago. 2021.

BRASIL. Decreto-Lei n. 201, de 27 de fevereiro de 1967. **Diário Oficial da União**, Poder Executivo, Brasília, DF, 27 fev. 1967. Disponível em: <http://www.planalto.gov.br/ccivil_03/decreto-lei/del0201.htm>. Acesso em: 7 ago. 2021.

BRASIL. Decreto-Lei n. 2.848, de 7 de dezembro de 1940. **Diário Oficial da União**, Poder Executivo, Rio de Janeiro, 31 dez. 1940. Disponível em: <http://www.planalto.gov.br/ccivil_03/decreto-lei/del2848compilado.htm>. Acesso em: 7 ago. 2021.

BRASIL. Decreto-Lei n. 3.689, de 3 de outubro de 1941. **Diário Oficial da União**, Poder Executivo, Rio de Janeiro, 13 out. 1941. Disponível em: <http://www.planalto.gov.br/ccivil_03/decreto-lei/del3689compilado.htm>. Acesso em: 7 ago. 2021.

BRASIL. Lei n. 1.508, de 19 de dezembro de 1951. **Diário Oficial da União**, Brasília, DF, 20 dez. 1951. Disponível em: <http://www.planalto.gov.br/ccivil_03/leis/1950-1969/l1508.htm>. Acesso em: 7 ago. 2021.

BRASIL. Lei n. 7.210, de 11 de julho de 1984. **Diário Oficial da União**, Poder Legislativo, Brasília, DF, 13 jul. 1984. Disponível em: <http://www.planalto.gov.br/ccivil_03/leis/l7210.htm>. Acesso em: 7 ago. 2021.

BRASIL. Lei n. 7.492, de 16 de junho de 1986. **Diário Oficial da União**, Poder Legislativo, Brasília, DF, 18 jun. 1986. Disponível em: <http://www.planalto.gov.br/ccivil_03/leis/l7492.htm>. Acesso em: 7 ago. 2021.

BRASIL. Lei n. 9.099, de 26 de setembro de 1995. **Diário Oficial da União**, Poder Legislativo, Brasília, DF, 27 set. 1995. Disponível em: <http://www.planalto.gov.br/ccivil_03/leis/l9099.htm>. Acesso em: 7 ago. 2021.

BRASIL. Lei n. 9.503, de 23 de setembro de 1997. **Diário Oficial da União**, Poder Legislativo, Brasília, DF, 24 set. 1997. Disponível em: <http://www.planalto.gov.br/ccivil_03/leis/l9503compilado.htm>. Acesso em: 7 ago. 2021.

BRASIL. Lei n. 10.406, de 10 de janeiro de 2002. **Diário Oficial da União**, Poder Legislativo, Brasília, DF, 11 jan. 2002. Disponível em: <http://www.planalto.gov.br/ccivil_03/leis/2002/l10406compilada.htm>. Acesso em: 7 ago. 2021.

BRASIL. Lei n. 11.340, de 7 de agosto de 2006. **Diário Oficial da União**, Poder Legislativo, Brasília, DF, 8 ago. 2006a. Disponível em: <http://www.planalto.gov.br/ccivil_03/_ato2004-2006/2006/lei/l11340.htm>. Acesso em: 7 ago. 2021.

BRASIL. Lei n. 11.343, de 23 de agosto de 2006. **Diário Oficial da União**, Poder Legislativo, Brasília, DF, 24 ago. 2006b. Disponível em: <http://www.planalto.gov.br/ccivil_03/_ato2004-2006/2006/lei/l11343.htm>. Acesso em: 7 ago. 2021.

BRASIL. Lei n. 12.850, de 2 de agosto de 2013. **Diário Oficial da União**, Poder Legislativo, Brasília, DF, 5 ago. 2013. Disponível em: <http://www.planalto.gov.br/ccivil_03/_ato2011-2014/2013/lei/l12850.htm>. Acesso em: 7 ago. 2021.

BRASIL. Lei n. 13.105, de 16 de março de 2015. **Diário Oficial da União**, Poder Legislativo, Brasília, DF, 17 mar. 2015. Disponível em: <http://www.planalto.gov.br/ccivil_03/_ato2015-2018/2015/lei/l13105.htm>. Acesso em: 7 ago. 2021.

BRASIL. Lei n. 13.964, de 24 de dezembro de 2019. **Diário Oficial da União**, Poder Legislativo, Brasília, DF, 24 dez. 2019. Disponível em: <http://www.planalto.gov.br/ccivil_03/_ato2019-2022/2019/lei/L13964.htm>. Acesso em: 7 ago. 2021.

DEZEM, G. M. et al. **Prática jurídica penal**. 15. ed. São Paulo: Saraiva, 2020.

DI PIETRO, M. S. Z. **Direito administrativo**. 33. ed. Rio de Janeiro: Forense, 2020.

GLOECKNER, R. J. **Nulidades no processo penal**. 3. ed. São Paulo: Saraiva, 2017.

ISHIDA, V. K. **Prática jurídica penal**: atualizada de acordo com o novo Código de Processo Civil. 8. ed. São Paulo: Atlas, 2015.

KANT, I. **Fundamentação da metafísica dos costumes**. Tradução de Paulo Quintela. Lisboa: Edições 70, 2007.

KNIPPEL, E. L. **Prática penal**. 8. ed. São Paulo: Método, 2019.

LIMA, R. B. de. **Manual de processo penal**. 8. ed. Salvador: JusPodivm, 2020. v. único.

LOPES JÚNIOR, A. **Direito processual penal**. 17. ed. São Paulo: Saraiva, 2020.

LOPES JÚNIOR, A. **Direito processual penal**. 18. ed. São Paulo: Saraiva, 2021a.

LOPES JÚNIOR, A. **Prisões cautelares**. 6. ed. São Paulo: Saraiva, 2021b.

MARCÃO, R. **Curso de processo penal**. 6. ed. São Paulo: Saraiva, 2020.

MENDES, S. da R. **Processo penal feminista**. São Paulo: Atlas, 2019.

NUCCI, G. de S. **Curso de execução penal**. 4. ed. Rio de Janeiro: Forense, 2021.

NUCCI, G. de S. **Processo penal e execução penal**. 6. ed. Rio de Janeiro: Método, 2020.

PACELLI, E. **Curso de processo penal**. 23. ed. São Paulo: Atlas, 2019.

PRADO, L. R. **Curso de direito penal**: parte geral. São Paulo: Revista dos Tribunais, 2017. v. 1.

RUTHES, I. F. As prisões cautelares obrigatórias e a integridade do sistema jurídico brasileiro: uma abordagem a partir do controle difuso de constitucionalidade. In: STRAPAZZON, C. L.; GOMES, E. B.; SARLET, I. W. (Org.). **Coleção direitos fundamentais e sociais na visão constitucional brasileira**. Curitiba: Instituto Memória – Centro de Estudos da Contemporaneidade, 2014. Tomo IV. p. 93-109.

RUTHES, I. F.; KOLLER, C. E. Operações midiáticas e processo penal: o respeito aos direitos fundamentais como fator legitimador da decisão judicial na esfera penal. **Revista de Processo Jurisdição e Efetividade da Justiça**, Brasília, v. 2, n. 1, p. 282-300, jan./jun. 2016. Disponível em: <https://indexlaw.org/index.php/revistaprocessojurisdicao/article/view/466/464>. Acesso em: 13 dez. 2021.

SANTOS, J. C. dos. **A moderna teoria do fato punível**. 3. ed. Curitiba: Fórum, 2004.

STF – Supremo Tribunal Federal. Habeas Corpus n. 116.551. Rel. Min. Marco Aurélio. **Diário da Justiça**, Brasília, 31 jan. 2014. Disponível em: <https://redir.stf.jus.br/paginadorpub/paginador.jsp?docTP=TP&docID=5194243>. Acesso em: 7 ago. 2021.

STF – Supremo Tribunal Federal. Habeas Corpus n. 125.770. Rel. Min. Marco Aurélio. **Diário da Justiça**, Brasília, 5 set. 2017. Disponível em: <https://redir.stf.jus.br/paginadorpub/paginador.jsp?docTP=TP&docID=13535368>. Acesso em: 7 ago. 2021.

STF – Supremo Tribunal Federal. Habeas Corpus n. 143.641. Rel. Min. Ricardo Lewandowski. **Diário da Justiça**, Brasília, 9 out. 2018. Disponível em: <http://www.stf.jus.br/portal/inteiroTeor/obterInteiroTeor.asp?idDocumento=748401053>. Acesso em: 7 ago. 2021.

STF – Supremo Tribunal Federal. Recurso em Habeas Corpus n. 80.796. Rel. Min. Marco Aurélio. **Diário da Justiça**, Brasília, 10 ago. 2001. Disponível em: <https://redir.stf.jus.br/paginadorpub/paginador.jsp?docTP=AC&docID=102741>. Acesso em: 7 ago. 2021.

STF – Supremo Tribunal Federal. Recurso em Habeas Corpus n. 89.378. Rel. Min. Ricardo Lewandowski. **Diário da Justiça**, Brasília, 15 dez. 2006. Disponível em: <https://redir.stf.jus.br/paginadorpub/paginador.jsp?docTP=AC&docID=394998>. Acesso em: 7 ago. 2021.

STF – Supremo Tribunal Federal. **Súmula do STF**. Brasília, 1º dez. 2017. Disponível em: <http://www.stf.jus.br/arquivo/cms/jurisprudenciaSumula/anexo/Enunciados_Sumulas_STF_1_a_736_Completo.pdf>. Acesso em: 7 ago. 2021.

STF – Supremo Tribunal Federal. **Súmulas Vinculantes**. Brasília, 8 maio 2020. Disponível em: <http://www.stf.jus.br/arquivo/cms/jurisprudenciaSumulaVinculante/anexo/2020SmulaVinculante1a29e31a58Completocapaeconteudo.pdf>. Acesso em: 7 ago. 2021.

STJ – Superior Tribunal de Justiça. Recurso Especial n. 1.819.504. Rel. Min. Laurita Vaz. **Diário da Justiça**, Brasília, 30 set. 2019. Disponível em: <https://scon.stj.jus.br/SCON/GetInteiroTeorDoAcordao?num_registro=201802950729&dt_publicacao=30/09/2019>. Acesso em: 7 ago. 2021.

STJ – Superior Tribunal de Justiça. **Súmulas do Superior Tribunal de Justiça**. Disponível em: <https://www.stj.jus.br/docs_internet/SumulasSTJ.pdf>. Acesso em: 7 ago. 2021.

Sobre os autores

Bruna Isabelle Simioni Silva é doutoranda e mestra em Direitos Fundamentais e Democracia pelo Centro Universitário Autônomo do Brasil (UniBrasil). É professora do Centro Universitário Internacional Uninter das disciplinas de Direito Penal, Processo Penal e Núcleo de Prática Jurídica – Área Penal; professora responsável pelo Grupo de Estudos de Direitos da Mulher dessa mesma instituição; professora do Curso Jurídico; e professora convidada da pós-graduação da Escola da Magistratura Estadual de Santa Catarina (Esmesc). É advogada inscrita na Ordem dos Advogados do Brasil (OAB), Seção Paraná.

Igor Fernando Ruthes é mestre em Direitos Fundamentais e Democracia pelo Centro Universitário Autônomo do Brasil (UniBrasil), especialista em Direito Ambiental pelo Centro Universitário Internacional Uninter, especialista em Direito e Processo Penal pela Academia Brasileira de Direito Constitucional (ABDConst), graduado em Direito pelo UniBrasil e graduado em Ciências Contábeis pela FAE Business School. É Procurador Municipal de Balsa Nova (PR).

Os papéis utilizados neste livro, certificados por instituições ambientais competentes, são recicláveis, provenientes de fontes renováveis e, portanto, um meio responsável e natural de informação e conhecimento.

FSC
www.fsc.org
MISTO
Papel produzido
a partir de
fontes responsáveis
FSC® C103535

Impressão: Reproset
Março/2023